Thomas Noll, Jahrgang 1968, Abiturient, Bundeswehrsoldat, Student, 13 Jahre Banker im Prozess- und Qualitätsmanagement; Aussteiger, Sevaka (Angehöriger) in einem Yoga- und Meditationskloster, heute Texter und Autor.

Horst Grewenig, Jahrgang 1941, Bundeswehrsoldat, Fliesenleger, internationaler Unternehmer und Buchautor.

Horst Grewenig   Thomas Noll

Die goldene Arschkarte

Eine internationale saarländische Biografie

© 2017 Thomas Noll

Fotos: Fliesenhandel Schittek, Rita Klein, Gemeinde Riegelsberg, Horst Grewenig, Thomas Noll
weitere Mitwirkende: Vorwort von Prof. Meinrad Maria Grewenig

Verlag: tredition GmbH, Hamburg

ISBN 978-3-7345-9233-1 (Paperback)
ISBN 978-3-7345-9234-8 (Hardcover)
ISBN 978-3-7345-9235-5 (e-Book)

Das Werk, einschließlich seiner Teile, ist urheberrechtlich geschützt. Jede Verwertung ist ohne Zustimmung des Verlages und des Autors unzulässig. Dies gilt insbesondere für die elektronische oder sonstige Vervielfältigung, Übersetzung, Verbreitung und öffentliche Zugänglichmachung.

Bibliografische Information der Deutschen Nationalbibliothek:
Die Deutsche Nationalbibliothek verzeichnet diese Publikation in der Deutschen Nationalbibliografie; detaillierte bibliografische Daten sind im Internet über http://dnb.d-nb.de abrufbar.

Inhalt

Vorwort 9

Kirchenbrand 16

Künstler soll ich werden 33

Einberufen 46

Ein Unfall und eine Hochzeit 52

Zwischenzeit 56

Prelude: Baustoffhandel-Fiasko 60

„Moosgrün" und hoch zu Ross 75

Ein Job bis zur Rente 96

Ein Flugzeug und zwei Erfinder 102

Ausgebootet - Wendezeit 112

Weißer Granit aus Kasachstan 119

Guter Rat ist teuer 146

„Büro 2" 152

Schweineohren aus China 157

DTM 177

Einmal Glück – an entscheidender Stelle ... 188

Heute 200

Einzelbild-Nachweis 206

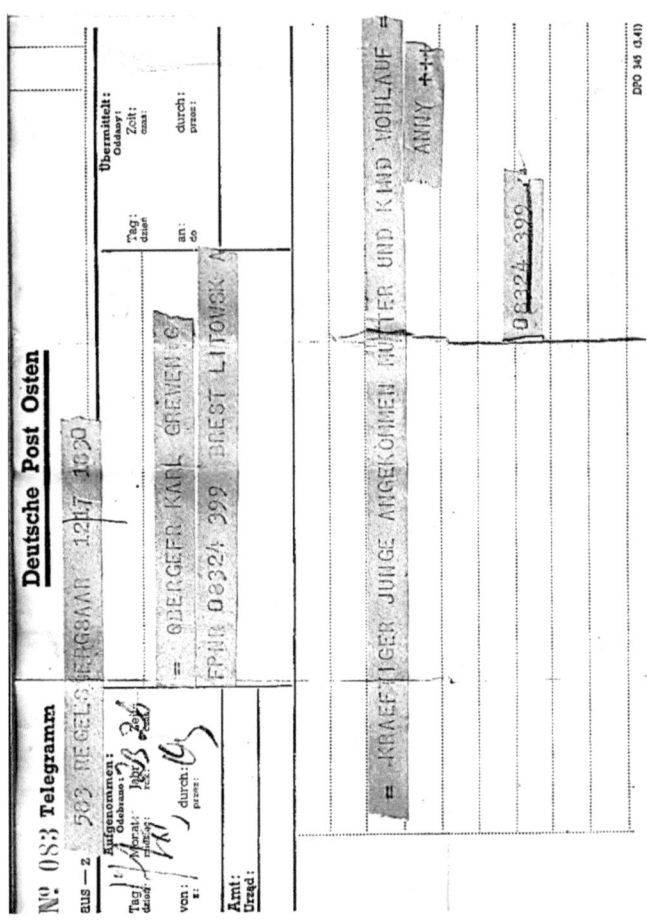

Damit fing alles an…

Geburtstelegramm:
„583 REGELSBERGSAAR 1217 1830

= OBERGEFR KARL GREWENIG
FPNR 08324 399 BREST LITOWSK A

= KRAEFTIGER JUNGE ANGEKOMMEN MUTTER UND KIND WOHLAUF = ANNY +++"

Vorwort

Die höchst vergnügliche Biografie des Horst Grewenig lässt das Leben eines besonderen, künstlerisch durchdrungenen Menschen lebendig werden und spiegelt saarländische Befindlichkeit von ihrer Grundkonstellation. Wenn es heißt: „Handwerk hat goldenen Boden", so bekommt diese Grundwahrheit im Leben von Horst Grewenig eine besondere Dimension. Sie führt in die große, weite Welt an die Schnittstelle von Millionen-Geschäften und zeigt Horst Grewenig immer als Bezug und im Zentrum des Geschehens, trotz großer Hoffnungen oft mit unerwartetem Ausgang.

Horst gehört zur Familie derer zu Grewenig, die soweit man denken und sich erinnern kann, immer etwas Besonderes waren und sind, weil sie eine Fähigkeit besitzen oder besaßen, die die schönen Dinge der Welt ins Zentrum ihres Lebens stellt und sie zur Leidenschaft macht. Alle Mitglieder der Familie Grewenig sind miteinander verwandt und sind sowohl in ihrer Haltung zur Welt als auch im Umgang mit ihr verbunden. In der Regel stehen sie in enger Beziehung zum Künstlerischen. Seien sie nun selbst Artisten, Künstler und den komplexen Dingen des Lebens zugeneigte Gestalter und Macher oder stehen sie auf der anderen Seite als Kaufleute, Handwerker oder

auch Beamte und definieren sich im Abstand zu diesem Künstlerischen. Immer wieder gibt es in einer Generation ein „schwarzes Schaf", das sich ganz und vollständig dem künstlerischen Ziel zuwendet. Immer wieder zeigt sich je nach Konstellation jedoch das, was Horst Grewenig als „goldene Aschkarte" empfunden hat. Dann wenn vor allem das Umfeld erkannt hat, welche ökonomische Potenz in kreativen und künstlerischen Ansätzen sich entfalten kann. Wenn dieses Umfeld sich paart mit kriminellen Energien sind Ideengeber wie Horst Grewenig immer auf der negativen Seite. In ihrem Weltbild sind – letztendlich wegen ihrer Hochherzigkeit - Betrug, Übervorteilung und historische Umwälzungen nicht (als zu beherrschende Größen) enthalten. Viele Beispiele aus der Familie zeigen dies.
Sei es der Nicolaus Grevenich (bis zum Anfang des 20. Jahrhunderts finden sich folgende variierende Schreibweisen: Grevenic, Grewenich, Grewenig, Grevenig, Gräbenich, von Grewenich, von und zu Grew(v)enich(g), Herzog zu Gre(ae)w(v)enich(g), Fürst zu Grewenich) Ebenist von König Ludwig XVI. von Frankreich, dessen höchst künstlerische Möbel Glanzpunkt der Tuilerien in Paris waren, jedoch ausnahmslos im Zuge der Französischen Revolution zerstört wurden, und heute praktisch vergessen sind. Nicolaus Grevenich stammte ursprünglich aus dem

Saarland/Rheinland, führte sein Atelier in der Rue du Bac und genoss einen exzellenten Ruf als hervorragender Ebenist. Später arbeitete er am Quai Malaquais und in der Rue du Monceau-Saint-Gervais. Heute lassen einige wenige Exemplare im Victoria und Albert Museum in London noch etwas von dem Glanz dieser außergewöhnlichen Möbelstücke erahnen. Wenn ab und an sehr selten eines dieser Möbelstücke auf den Kunstmarkt kommt, erhält es in der Regel immer horrende Preise.

Oder Hanns Grewenig (*1891 Straßburg; † 1961 in München), der Werkleiter (Vorstandsvorsitzender) von BMW nach dem Zweiten Weltkrieg, der als Erfinder und Beförderer der Isetta gilt, BMW zu seiner neuen Größe führte und wegen einer Finanzkrise verließ. Er starb bei einem tragischen Autounfall.

Oder Prof. Leo Grewenig (*1898 Heusweiler; † 1991 Bensheim), der nach seiner Malerlehre zum Studium an die Kunstakademie Kassel und ans Bauhaus Weimar ging, wo er bei László Moholy-Nagy, Josef Albers, Wassily Kandinsky und Paul Klee studierte. Nach ersten Ausstellungserfolgen wurde der Künstler von den Nationalsozialisten mit Ausstellungsverbot belegt. Kriegsdienst und Krankheit bedeuteten weitere Einschnitte in seinen künstlerischen Lebensweg. Nach dem Krieg arbeitete Leo Grewenig als Kunsterzieher im Saarland und wurde vorzeitig in den Ruhestand versetzt. Die Entdeckung dieses Meisters des Bauhauses setzt erst allmählich ein.

Und Prof. Fritz Grewenig (*1891 Heusweiler; † 1974 Trier) älterer Bruder von Leo, der nach der Malerlehre im väterlichen Geschäft ab 1913 an der Königlich Sächsischen Akademie Dresden bis zum Militärdienst 1914/18 studierte. 1918 kehrte er ins Saarland zurück, setze aber 1920 sein Studium in Dresden fort und schloss dieses 1922 ab. Noch im selben Jahr gründete er eine Privatkunstschule in Saarbrücken. 1924 wurde seine Kunstschule zur Staatlichen Schule für Kunst und Kunstgewerbe Saarbrücken und Grewenig war bis 1936 ihr erster Direktor. 1925 wurde er zum Professor bestellt und erhielt den Auftrag als künstlerischer Leiter des Staatlichen Museums für Neue Kunst in Saarbrücken eine Sammlung aufzubauen. Es entstand die Keimzelle der Modernen Galerie des Saarland Museums. Auf Initiative der Nationalsozialisten wurde der Maler 1932 als Vorsitzender des Deutschen Künstlerbundes im Saargebiet abgewählt, seine Bilder bei Ausstellungen häufig abgewiesen und er als Beamter entlassen. Während seiner Zeit als Direktor der Staatlichen Kunstsammlung in Saarbrücken zeigte Fritz Grewenig in dem selbstständigen Saargebiet Künstler wie Kandinsky, Paul Klee oder Gabriele Münter, die Deutschland als diffamierte Künstler aufgrund ihrer „entarteten" Kunst verlassen mussten. Nach dem Zweiten Weltkrieg arbeitete er als Dozent, Professor und Direktor an der Kunstschule Trier und an der Staatlichen Werkschule Mainz. Das Saarland verdankt Fritz Grewenig die Hinwendung zur modernen Kunst und die Grundlagen der Modernen Galerie, des wichtigsten Kunstmuseums der Moderne des Saarlandes, ohne dass das heute im Bewusstsein aller Saarländerinnen und Saarländern verankert ist.

Insofern ist möglicherweise das, was Horst Grewenig in seinem Leben erfahren hat, etwas, was als besonderer Wesenszug der Grewenigs zur Grundausstattung der Familie gehört.

Meine Berührungspunkte
Die Grewenigs sind alle miteinander verwandt und es gibt unzählige unterschiedliche Berührungspunkte. Während meiner frühen (Grund-)Schulzeit ging ich in Riegelsberg immer durch die Hauergasse zu meiner Schule, vorbei am Geburtshaus von Horst Grewenig.

Horst Grewenig stellt für mich eine der großen handwerklich-künstlerischen Fantasien im Umgang mit der Welt dar. Vor ca. 40 Jahren verkaufte er meinen Eltern für ihr Haus, das diese im Norden des Saarlandes erworben hatten und das mit seinen über vier Meter hohen Räumen aus dem Ende des 19.

Jahrhunderts stammte, ein sensationelles Badezimmer. Horst Grewenig hatte es selbst eingerichtet. Mein Vater Albert Grewenig (*1920 Güichenbach; † 1987 Hermeskeil) hatte dieses besondere Badezimmer meiner Mutter zum Einzug geschenkt. Damals lernte ich Horst Grewenig über die üblichen Familienkontakte umfänglich mit seinen besonderen Fähigkeiten kennen. Exklusive handbemalte italienischen Fliesen, freitragende cremefarbene Porzellan-Waschbecken und Bidet- und Toilettenanlagen mit handgegossenen bronzenen Wassergarnituren, die teilweise vergoldet waren. Nie zuvor hatte ich Ähnliches gesehen, es dauerte dann viele Jahre bis ich in Italien oder den Metropolen der Welt Vergleichbares an anderen Orten erleben durfte. Horst Grewenig stand für mich für eine unerreichte künstlerisch-handwerkliche Qualität, die auch bei höchster Anstrengung in meinem damaligen Umfeld im Saarland nirgendwo erreicht wurde. Er hatte dieses Badezimmer geplant und persönlich, sowohl was die Fliesen als auch die Sanitäranlagen und Wasser-Systeme angeht, eingerichtet. Über mehr als vier Wochen – auch am Wochenende - konnte ich täglich die Entstehung dieses außergewöhnlichen Kunstwerks erleben und begleiten. Das Vorgehen interessierte mich brennend. Dabei erfuhr ich sehr viel von seiner Philosophie: nur das Beste, handwerklich perfekt Ausgeführte hat nach seinem Verständnis dauerhaft Bestand. Diese Qualität zu denken ist nicht Teil der üblichen Welt, sondern erfordert ein außergewöhnlich gutes Auge, ein untrügliches Gespür und eine exzellente Perfektion in der Ausführung. Ich habe Vergleichbares später in dieser Konsequenz im beschriebenen Segment nie wieder erfahren. Dieses Badzimmer existiert immer noch und ist nach wie vor positiver Teil meiner Erinnerung.

Prof. Meinrad Grewenig,
Generaldirektor
Weltkulturerbe Völklinger Hütte

Völklingen, im August 2016

Kirchenbrand

Ich stehe auf der Wiese mit meinen Kühen, als plötzlich die Feuersirene losheult. Obwohl ich mich an den Krieg kaum aktiv erinnern kann, löst das Geräusch eine Gänsehaut aus. Prüfend blicke ich in die Landschaft, ob ich einen Grund für das Sirenengeheule sehe. Und da: eine gewaltige, schwarze Rauchsäule! Sie steigt aus meiner Gemeinde auf!

Ich muss sofort wissen, was dort brennt! Ich treibe meine Kühe zusammen und sporne sie an, im Laufschritt die Wiese zu verlassen. Der Bauer wird schimpfen. Eigentlich muss der Tag natürlich ausgenutzt werden und die Milchkühe sollen möglichst viel frisches Gras fressen und erst abends zum Melken wieder in den Stall kommen.

Aber das ist mir jetzt egal. Ich renne mit den Kühen ins Dorf zurück, muss dauernd anhalten und Ausreißer wieder zurück in die Herde treiben. Inzwischen sind aus allen Richtungen Martinshörner zu hören. Feuerwehren und Polizei sind im Einsatz.

Der Bauer schimpft nicht, als ich mit den Kühen angelaufen komme. Er steht selbst draußen und schaut sich schockiert die Rauchsäule an. Nach dem Abgeben der Tiere renne ich Richtung Zentrum, treffe unterwegs meine Freunde, andere Kinder, Erwachsene, die alle mithasten.

Wir können es nicht fassen: es ist unsere Kirche, die lichterloh in Flammen steht!

Nur mit Mühe schafft es die Polizei, die Schaulustigen abzudrängen. Viele wollen auch helfen... doch bei diesem Brand sind professionelle Hände gefragt. Immer mehr Feuerwehren aus den Nachbardörfern treffen ein.

Indes: zu spät! Meterhohe Flammen züngeln aus den Fensterlöchern, schlagen aus dem Dach! Dauernd ist lautes Krachen zu hören, die Konstruktion des Daches bricht zusammen! Die starke Hanglage erschwert alle Arbeiten. Aber der Ort hier ist sehr hügelig, entweder geht es steil den Berg hinauf oder steil hinunter...

Es ist Mittwoch, der 28. September 1949, wir befinden uns in Riegelsberg an der Saar.

Ich bin Horst. Ich bin sieben Jahre alt.

Wir Kinder helfen den Bauern beim Weiden der Kühe. Im Jahre 2017 würde man das einen Minijob nennen. Mal abgesehen davon, dass ´Kinderarbeit´ nicht mehr möglich sein wird... wir sind aber draußen an der frischen Luft, bekommen ein Gefühl für Tiere und entwickeln ein starkes Zusammengehörigkeitsgefühl, in der Gemeinde hilft jeder jedem. Vergütet wird das Ganze meist mit Essbarem. „Saisonal aus

der Heimat" wird das später einmal genannt und reißenden Absatz in der Gastronomie finden.
Das wissen wir aber damals alles noch nicht.

Am allermeisten freue ich mich im Spätsommer auf *Quetschekuche*. Das ist ein Pflaumenkuchen mit Hefe- oder Mürbeteig. Einen davon schaffe ich alleine...

Geboren wurde ich am 17. November 1941 in der Gemeinde Riegelsberg in der Hauerstraße. Wie damals üblich war ich eine Hausgeburt. Es muss wohl ziemlich schnell gegangen sein. Mein Taufpate, ein schneidiger SS-Mann, fand in der Wohnung keinen gescheiteren Platz für meine Mutter als den Küchentisch – wurde dafür aber vom Geburtshelfer Dr. W.[1] aus dem Dorf ausgiebig gelobt, da durch seine provisorische Geburtsstätte Arzt und Hebamme von allen Seiten helfen konnten.
Mein Vater war natürlich im Krieg. Noch heute existiert das Telegramm, welches meine Tante ihm schickte mit den kurzen Worten „KRAEFTIGER JUNGE ANGEKOMMEN - MUTTER UND KIND WOHLAUF."

---

[1] Aus Gründen der Persönlichkeitsrechte sind alle Namen in diesem Werk (außer denen von historischen Personen) geändert.

Mein Geburtshaus, heute nicht mehr im Familienbesitz

Auf einem Küchentisch und mit einem Telegramm hat es also begonnen... mein ungewöhnliches Leben mit vielen Höhen und Tiefen... aber gewiss nie langweilig!

Vom Krieg hat mein Vater nie viel erzählt. Mein Geburts-Telegramm ging jedenfalls nach Brest-Litowsk an den Obergefreiten Grewenig. Brest-Litowsk liegt in Weißrussland, genau an der polnisch-russischen Grenze. Ich gehe davon aus, dass mein Vater bei den Fernmeldern war und hier im Übergangsbereich für die Kommunikation gesorgt hat, und so antelegra-

Ich mit meiner Mutter im Alter von 6 Tagen

fiert werden konnte. Eigentlich war es sehr ungewöhnlich, dass Soldaten an der Ostfront zeitnah von einem Telegramm erreicht wurden...
Auch einer russischen Gefangenschaft konnte mein Vater entkommen, nachdem er von einem Krad-Melder über die zusammenbrechende Front informiert wurde und er sich noch legal absetzen konnte.

Mein Vater Karl Grewenig war vor und nach dem Soldatenleben – wie soll es im Saarland anders sein – „auf der Grub" und verdiente dort recht gut. Er war Schwachstrom-Elektromeister, das heißt er war zuständig für die

Mein Vater Karl Grewenig

Funktion von Telefonen oder Steueranlagen unter Tage.

Meine Mutter war gelernte Köchin und versorgte eine wohlhabende Familie in deren Haushalt.

Meine Kindheit war recht wohlbehütet, wenn man die Schwere der Zeit während und nach dem Krieg bedenkt.

Wer desselben oder ähnlichen Jahrgangs ist, wird sich an die Zeit vielleicht erinnern, auch wenn bei jedem Leser die Landschaft, der Name der Heimatstadt und die Straßennamen verschieden sind. Riegelsberg im Saarland mag hier stellvertretend für viele andere Gegenden im Nachkriegsdeutschland stehen, und die Atmosphäre der Epoche mag von vielen Heranwachsenden ähnlich empfunden worden sein.

Von der Kriegszeit fehlen die meisten Erinnerungen. Ich entsinne mich an Holzvergaser-Fahrzeuge, die schrecklich wenig Rest-Leistung hatten... noch dazu mit der schweren Kessel-Anlage auf der Ladefläche. Es gab Lebensmittel-Einschränkungen und Lebensmittelmarken, aber „hamstern", wie sonst in der Region üblich, mussten wir nicht. Wohl aber haben wir „getauscht": wir hatten Imker mit Bienen in der Familie, deren Stöcke den Ausgang des 2. Weltkriegs

heil überstanden hatten und wir hatten Verwandtschaft in Mußbach bei Neustadt an der Weinstraße; Bauern mit großen Höfen. Dort tauschten wir dann Honig gegen Speck oder Schmalz.
Und ich erinnere mich dunkel an Luftangriffe, als wir alle das Haus mit einem Handwagen in Richtung Bunker verlassen mussten. Unbewusst wird mir wohl die Sirene in Zusammenhang mit nervöser Flucht und Gefahr im Gedächtnis geblieben sein.

Zuhause waren wir zu viert, später zu fünft, ich habe noch zwei Schwestern.
 Auch gab es einen Umzug von der Hauerstraße zum sogenannten *Lampennest* in Riegelsberg. Es muss in den letzten beiden Kriegsjahren gewesen sein: meine Mutter und ich haben das Haus zu einem Besuch in Norddeutschland verlassen, kamen zurück und fanden unsere Wohnung belegt mit einer Familie von Ausgebombten, denen man die Bleibe als ´nicht genutzter Wohnraum´ zugewiesen hatte. Ein Protest bei den damaligen Behörden wäre nutzlos gewesen, ihnen entglitt während des Zusammenbruchs des 3. Reiches der Realitätsbezug.

Vom Lampennest sind mir die meisten Erinnerungen gewahr.

Das Lampennest heute, umgebaut zu zwei Wohneinheiten, noch in Familienbesitz

Meine Kinderjahre waren ländlich geprägt, wir machten Heu, hüteten die Kühe, halfen im Herbst beim Dreschen – das Landleben war unser Abenteuerspielplatz. Unser Haus war umrahmt von Bauernhöfen. In alten Schützengräben spielten wir Kinder Krieg, und ich entdeckte dort meinen Hang zum Fischen, der lebenslang bleiben sollte: an dem Bach in der Nähe vom Lampennest lebte neben den Bauern auch ein Fischzüchter, der den Mäusbach aufgestaut hatte und in den Weihern Forellen züchtete. Beim Arbeiten an den Staudämmen entwichen immer wieder kleinere Fische in den Bach und wurden dort größer – und die *musste* ich haben! Sei es mit der Hand, mit einem Kescher oder später mit immer besseren, selbstgebastelten Angeln! Manchmal freute sich meine Mutter durchaus über Fisch, der den Speiseplan bereicherte... jedoch weniger über meine durchnässten, schmutzigen Klamotten. Speziell, wenn ich Sonntags nach der Kirche im Sonntagsanzug mal wieder einen Streifzug an „meinen Fluss" machte...

Ungefährer Platz heute, an dem die dorfeigene Dreschmaschine im Herbst stand

In dieser Zeit lernte ich auch Reiten. Obwohl, „lernen" klingt so nach Reitstunden... ich *wuchs* einfach mit Pferden auf! Ich konnte sie sattellos reiten wie ein Indianer. Ein Nachbar züchtete Reitpferde, und zwar schon in der dritten Generation. Es waren viele, denn er und sein Vater hatten einen Vertrag mit dem Deutschen Heer im Kaiserreich und später mit der Wehrmacht, die die Pferde abnahmen. Militärpferde mussten speziell ausgebildet werden, sie wurden an Gefechtslärm gewöhnt, damit sie auf dem Schlachtfeld nicht davonliefen.

Ich ging in den katholischen Kindergarten der Gruben-Angehörigen.
Da die Gruben sofort nach dem Krieg wieder liefen – auch im Interesse der französischen Besatzung – war dessen finanzielle Ausstattung sehr gut, es gab ausgezeichnetes Essen, legendäre, mondäne Weihnachtsfeiern mit Festessen, Geschenken und Schokoladen-Nikoläusen, wofür das Saarbrücker Staatstheater gemietet war...
Eine andere Kindheitserinnerung ist historisch gut einzuordnen: die vielen Hügel in Riegelsberg luden natürlich die Kinder im Winter ein, eifrig und überall Schlitten zu fahren. Ich war zu Fuß unterwegs, rutschte auf Eis weg, fiel hin – und ein Junge fuhr mir mit seinem Schlitten genau gegen den Kopf! Der Arzt

diagnostizierte „Gehirnerschütterung" und ich sollte drei Wochen im Bett bleiben... bei dem schönen Schnee!

Als ich ein paar Tage lag, gab es einen riesen Aufruhr auf der Straße! Es wurde in die Häuser gerufen „Schnell, kommt mit! Im Dorf ist was passiert!", es gab heftiges Stühlerücken im Haus, die Haustür knallte! Natürlich hielt mich jetzt nichts mehr im Bett und ich musste zum Fenster und auf die Straße schauen, was da vor sich ging: Kinder und Erwachsene liefen Richtung Zentrum!

Die Straßenbahn in Riegelsberg war entgleist!

Das war im Winter 1947 – ich war 6 Jahre alt!

Deutlich älter war ich bei meinen ersten Versuchen zu Rauchen. Obwohl es natürlich verboten war, trieben wir Kinder uns im Haldenbereich der Kohlegrube herum, der Schacht „Lampennest" war in unmittelbarer Nähe „unseres" Waldes.

Halden sind die Schuttberge, die aus den Grubenstollen heraustransportiert werden. Für die Industrie sind sie wertlos, der Arbeitsaufwand diesen Schutt nach brauchbaren Materialien zu untersuchen ist nicht lohnend... aber für uns Kinder allemal! Wir wühlten darin herum und fanden alten „Schießdraht" und natürlich kleine Kohlestücke. Schießdraht ist Kupferdraht, der zur Verkabelung der Sprengladungen zur Erschließung der Kohleflöze dient. Das Kupfer verkauften wir für ein paar Pfennige an den Krämer oder Alteisen-Händler (der wie heute nach der Herkunft nicht fragte), die Kohle wurde in privaten Haushalten verheizt. Die Leute kauften gerne von uns, wir waren etwas günstiger als die offiziellen Kohlehändler und brachten alles direkt ans Haus.

Mit dem Geld kauften wir unsere ersten Zigaretten – saarländische natürlich, mit dem Namen „Roth-Füchsel", hergestellt in Merzig.

Davon durften die Erwachsenen natürlich nichts wissen!

Aber damals war es deutlich einfacher eine Rauchfahne zu überdecken als heute, da zumindest fast jeder Mann rauchte.

Ich hatte eine starke Bindung zu meinen Großeltern väterlicherseits. Meine Oma, wie es im Saarland kurz heißt, arbeitete in der familieneigenen Gaststätte „Germania" in Riegelsberg. Sie hieß Maria, geboren 1888, mit Mädchennamen Steimer. Sie sollte bis zum Alter von 99 Jahren das Familienoberhaupt der Grewenigs bleiben. In jener besagten Gaststätte lernte sie ihren Mann – oder er sie – kennen und lieben, nämlich meinen Opa Theodor. Allerdings studierte dieser katholische Theologie zum Priesteramt, was sich somit erledigt hatte. Gut befreundet blieb er dennoch mit seinem Studienfreund, dem späteren bekannten Franz Rudolf Bornewasser, 1922 bis 1951 Erzbischof von Trier. Ein großes, gemaltes Bild in den Katakomben des Trierer Doms, welches Opa Theodor dem Bischof vermacht hat, ist bis heute dort zu bewundern.

Meine Oma Maria Grewenig, geborene Steimer

Opa Theodor war Elektro-Steiger, Künstler, Bastler, Handwerker. Er gründete in den späten zwanziger Jahren das erste Radiogeschäft in der Umgebung und beglückte die Riegelsberger mit ihrer ersten Rundfunksendung, die aus Berlin ausgestrahlt wurde. Es kam den Bürgern wie ein Wunder vor, dass sie jetzt hier im Saarland hören konnten, was jemand in Berlin sprach.

Außerdem bekannt wurde Opa Theodor als Filmvorführer im Restaurant der Brauerei Gross, die einen Saal für das „Lichtspieltheater" eingerichtet hatte, wie es damals hieß.

Ich liebte meinen Opa sehr, und war sein Ein und Alles.

Bei all seinen interessanten Aktivitäten nahm er mich mit und erklärte mir die technischen Zusammenhänge. Dabei sprach er Klartext, nicht, wie man gemeinhin mit einem Kind spricht. „Und wenn Du alt genug bist, kannst Du das alles auch!" war sein Fazit. Obgleich ich natürlich nicht alles verstand, fand ich seine Art mir gegenüber unbewusst sehr respektvoll. Ich fühlte mich für voll genommen und war als Kind hier auf einer Ebene mit diesem Erwachsenen, der so viel wusste und konnte.

Ich höre heute noch seine starke Stimme und unverschnörkelte Sprache, wenn ich beim Arbeiten vor

einem Problem stehe... als würde er mir heute noch Rat geben zur Lösung...
Sein früher und plötzlicher Tod machte mich sehr traurig...

Geliebter Opa Theodor: wie immer mit Zigarette!

Früher und heute: Willi Grewenig (Sohn von Theodor Grewenig, mein Onkel) 1939 vor seinem Radiogeschäft. Auf dem Opel P4 lernte ich mit 13 oder 14 Auto fahren... unten dieselbe Stelle heute.

Theodor Grewenig hatte drei Kinder: Herrmann Grewenig, ein Goldschmied; Willi Grewenig, der 1934 das Radiogeschäft seines Vaters übernahm; und meinen Vater Karl.

Willi Grewenig hatte weniger Glück als mein Vater, er wurde 1939 Soldat und kam erst 1950 aus russischer Kriegsgefangenschaft zurück und gab sein Radiogeschäft auf.

Wegen dem verheerenden Kirchenbrand fand meine Erst-Kommunion nun im Freien statt! Von dem Gebäude standen nur noch die Grundmauern, ein Dach gab es nicht mehr.

Auch 2017 wird es in einem „internet"-genannten Daten-Pool allen Wissens aller Menschen noch Bilder geben, in denen die Kommunionskinder samt Anhang und Kirchenmusiker in dem offenen Gebäude stehen...

Ich selbst in der untersten Reihe, zweiter von links.

Künstler soll ich werden

Nach der Grundschule kam ich in die Oberreal-Schule in Saarbrücken.
Mein Vater wollte viel aus mir machen. Am besten sollte ich studieren.
Durch Beziehungen im eigenen Betrieb unterbringen, wie es im Saarland gerne gemacht wird (es gibt hier den geflügelten Ausdruck „isch kenne enner, der enner kennt…"[2]), entfiel: er hat mich einmal in die

---

[2] saarl.: Ich kenne jemanden, der jemanden kennt

Grube mitgenommen… es ging ganz nach unten, das Hinabgleiten im Korb, das Vorbeigleiten der Erde von unten nach oben nahm kein Ende mehr… ich kämpfte gegen Unwohlsein und Beklemmung - es war mein erster und letzter Besuch in einer Grube!

Der künstlerische Bereich lag meinem Vater sehr nahe: er ging völlig auf in seiner Theatergruppe, aus der der bekannte *„Bühnenvolksbund"* hervorging. Legendär waren die Auftritte auf der Freilichtbühne, in der Nähe des heutigen Schwimmbades. Liebevoll wurden Scheinwerfer und Kulissen aufgebaut, Burgen von innen beleuchtet, als ob sie brennen würden, Texthänger waren den Laienschauspielern fremd – voller Enthusiasmus wurden moderne und historische Stücke wie „Die Räuber" von Schiller gespielt. Ich entsinne mich an einen Vorfall, in dem der Hauptdarsteller im vollen Elan beim Rufen sein Gebiss verlor. Professionell wartete er einen günstigen Moment ab, bückte sich, hob es auf und griff sich theatralisch ins Gesicht, wobei der die Zähne unauffällig wieder einsetzte – vom Publikum bekam den Vorfall tatsächlich niemand mit! Nur wir Helfer hinter der Bühne…
Gerne half ich, Effekte technisch umzusetzen wie Schüsse, Feuer, Wasser, welches ein Brünnchen am Hügel der Freilichtbühne hergab… aber Schauspieler mochte ich nicht sein.

Vielleicht könnte ich Musiker werden?

Jedenfalls hatte ich plötzlich eine Geige in der Hand. Aus dem Fundus der Theatergruppe, total abgegriffen, ohne Saiten und Lack. Aber mein Vater brachte sie, handwerklich geschickt, wieder in einen spielbaren Zustand. Ich ging zu einem damals saarlandweit berühmten Musiklehrer der Oberreal-Schule, dem Dr. S., aber so wirkliche Freunde wurden wir nie – ich und die Violine! So jemand gut spielen kann, hört sich das Instrument passabel an – übt oder besser knarzt man jedoch nur einen bestimmten Ton, ist es ein Martyrium für Ohren, Zähne und Nachbarn... Wir gaben den Geigenunterricht irgendwann auf, das Instrument sollte zurück zum Theaterfundus, und zwar zurückgebaut auf den Zustand, wie wir sie bekommen hatten: entlackt, ohne Seiten, mit fehlenden Teilen. Korrektheit muss sein! So war mein Vater!
Die Geige wurde so nicht mehr zurückgenommen, und sie liegt bis heute als Erinnerung auf meinem Dachboden.

Der nächste Versuch meines Vaters, aus mir einen großen Künstler zu machen, führt zu einem dunklen Kapitel in meinem Leben, welches ich mit Vielen teile... erst nach dem Jahr 2000 sollte sich die Kirche öffentlich zu diesen Kapiteln äußern...

In der Oberrealschule war ich Klassenältester und Klassensprecher, aber leider nicht der Beste… jedenfalls missfiel meinem Vater mein Notendurchschnitt für die Laufbahn, die für mich vorgesehen war. Als Maßnahme dagegen sollte ich zumindest die letzten beiden Jahre vor dem Abschluss ins Internat!

Hier bot sich eines in Saarbrücken mit kirchlichem Träger an.
Ich war 13, man schrieb das Jahr 1954.
Wir Schüler waren in dem Internat kaserniert, damit wir uns ja auf unsere Schuldbildung konzentrieren sollten.
Es wurde ein strenges Regiment geführt, ein Nachsitzen war schnell eingefangen. Dabei lernte mich Pater Laumann näher kennen. Er war mein Religionslehrer und kümmerte sich sehr um mich. Ich sammelte damals Briefmarken, und wenn Pater Laumann irgendwo unterwegs war, schickte er mir Postkarten mit besonders schönen Marken darauf und mit „Tausend Küssen"… Beim Überwachen unseres Studiums streichelte er mir über die Haare, am Krankenbett hielt er mir die Hand, und in der Freizeit hagelte es Schokolade.

Ich war noch zu jung um mir mehr dabei zu denken, als dass dieser Pater halt sehr nett zu mir ist...

In dem Internat schliefen wir nachts in zwei großen Schlafsälen mit Durchgang, und jeweils einer der Patres hatte ´Schlaf-Dienst´ und schlich durch die verbundenen Säle, um auf uns aufzupassen. Irgendwann hatte diesen Dienst auch mein Pater Laumann inne. Er bemerkte, dass ich wach war, streichelte mir ein wenig über den Bauch – und legte sich neben mich ins Bett! Nun wurde mir aber blitzartig mulmig und bevor ich nachdenken konnte, was da grad passierte, hatte er seine Hand zwischen meinen Beinen.

Meine Reaktion war: abhauen wie ein Blitz und mich den Rest der Nacht im Klo einsperren!

Seit dieser Nacht wich mir Pater Laumann aus – so lange er noch da war!

Die Geschichte hatte noch ein doppeltes Nachspiel: Laumann probierte es noch bei einem weiteren Buben, nur eine Woche später. Er war der Sohn reicher Wirtsleute, und dessen Vater kam sofort in die Schule, man hörte internatsweit eine laute Auseinandersetzung aus dem Rektorenzimmer – und Pater Laumann war von heute auf morgen spurlos verschwunden!

Ich selbst traute mich nicht, die Affäre zuhause zu erzählen. Ich blieb bis zum Schulabschluss auf dem Internat. Ich erzählte es allerdings meinem

Cousin, der nämlich katholische Theologie studierte. Er glaubte mir kein Wort davon, lobpreiste seinen Arbeitgeber und war nahezu erbost ob meiner Behauptungen.

Es begab sich allerdings Jahre später, dass mein Cousin in seiner Laufbahn in ein sehr bekanntes Kloster nach Bayern kam. Dort studierte er wohl aus Langeweile in einem Nachtdienst im Sekretariat ein paar alte Akten... und fand die des Kollegen Laumann – in welcher alle Fehlungen des Paters als Grund für diverse Versetzungen angegeben war.
Seit dem habe ich zu meinen Cousin wieder ein gutes Verhältnis, die Kirche allerdings bekam nie wieder einen wichtigen Platz in meinem Leben...

Nach dem Schulabschluss, ich war jetzt um die 14 oder 15 Jahre alt, stellte sich die wichtigste Frage im Leben aller Heranwachsenden: was will, was soll ich beruflich werden?

Vaters Laufbahn schied wegen Tiefenangst aus.
Mein Traum wäre Förster gewesen.
In Biologie war ich immer der Beste, kannte jeden Baum und jeden Strauch, beherrschte Namen und Aussehen von Flora und Fauna.

Ich liebte den Wald und quälte schon als Kind meine Eltern jahrelang, endlich bei einer Treibjagd dabei sein zu dürfen!!! Bei einer Treibjagd war das halbe Dorf auf den Beinen, durchstreifte lärmend den Wald, um das Wild vor die Flinten der Jäger zu treiben, die ab einem bestimmten Winkel schießen durften, um die Treiber nicht zu gefährden. So wurden früher Überpopulationen an Waldtieren in einem Rutsch „korrigiert" – und das Dorf aß drei Tage lang Wild.

Irgendwann durfte ich zähneknirschend und mit tausend „Pass auf!" von meiner Mutter mit zu dem Ereignis – und wurde natürlich prompt angeschossen!

Der halbblinde Apotheker war´s, und der Schuss ging in die Wade, die Narbe ist bis heute zu sehen.

Heute würde so ein Ereignis ein Großaufgebot von Polizei und Krankenwagen nach sich ziehen, und eventuell würde die Forstaufsichtsbehörde nachfragen, wie hier die Jagdscheine vergeben werden. In den 50er Jahren war das unkomplizierter: Apotheker gehören zu den Honoratioren der Gemeinde und die hatten einen Jagdschein! Basta!

Zu den Honoratioren gehörte auch der Arzt, der mich „unter der Hand" an Ort und Stelle nähte und verband, die Kugel ging durch, es war eine reine Fleischwunde.

Und das machte er ganz in meinem Sinne: meine Eltern würden mich wohl glatt umbringen, wenn ich nach meinen Überredungskünsten von meiner ersten Jagd heimkäme und berichtete, ich sei angeschossen worden! Ordentlich versorgt und mit der Binde könnte ich noch sagen „gestoßen, Dornengestrüpp", et cetera.
Sehr lange konnte ich es allerdings nicht geheim halten, und so war die Jagd für mich erst einmal vorbei.
Der Apotheker hat übrigens später dann aus Versehen seinen eigenen Jagdhund im Wald erschossen und dann wurde ihm doch nahegelegt, das Waidmannswerk zu lassen...

    Als Förster hätte ich allerdings Abitur gebraucht, welches ich nicht hatte.
Auch interessiert hätte mich Goldschmied, der Bruder meines Vaters hatte ja eine Goldschmiede. Allerdings hatte Onkel Herrmann zu dieser Zeit schon einen Gesellen und keinen Bedarf für einen Lehrbuben – sagte er zumindest... Zwei Monate später stellte er einen Azubi ein, dessen Familiengoldschmiede es bis heute gibt.

So kam es über meine Mutter zu einem kurzen Ausflug in einen anderen, künstlerischen Beruf: Dekorateur!

Eine ganze Woche habe ich es ausgehalten. In welcher es weniger ums Dekorieren als vielmehr um das Herzeigen sauberer Fingernägel und Anzugskontrolle ging. Und die Lupenreinheit unserer Pinsel. Das war mir deutlich zu kindisch und unproduktiv.

Und so wurde die Weiche meines Lebens gestellt: Fliesenleger soll ich werden! Mit dem künstlerischen Hintergedanken, mich später als Mosaik-Setzer zu etablieren. Ein uns bekannter Architekt hat es so empfohlen.

„Handwerk hat goldenen Boden!" war das Motto.

Und des Weiteren: „Lehrjahre sind keine Herrenjahre!"

Ich kam in eine bekannte Firma in Völklingen.

Wir schreiben das Jahr 1956. Die Bundeswehr wird als deutsche Armee aufgebaut, das Wehrpflicht-Gesetz erlassen (was mich später direkt betreffen sollte), und im Radio spielte Bill Haley and the Comets: „Rock around the clock!" Für die weniger Wilden sang Freddy Quinn aber auch „Heimweh – so schön war die Zeit."

Die Berufsschule für Fliesenleger war in Merzig, rund 38 Kilometer entfernt von meiner Heimat Riegelsberg. Merzig ist das Mekka der Fliesenleger, da es auch der Standort der weltbekannten Firma Villeroy & Boch ist.

Ich fuhr mit dem Oberleitungsbus zum Bahnhof, mit dem Zug nach Merzig, und musste dort noch 45 Minuten zu Fuß zur Schule laufen. Montags war immer der Berufsschultag, und ich war ab 04:00 Uhr unterwegs, um rechtzeitig um 08:00 Uhr auf der Schulbank zu sitzen.

Mit der Arbeit selbst kam ich sehr gut zurecht, war schnell für feinere Tüftelarbeiten an der Seite des Meisters – was mir aber den Spott der Gesellen einbrachte! Die Gesellen waren durchweg Kampftrinker – die örtliche Kneipe wusste die Feierabendzeit und zapfte dann schon Minuten vorher die Gläser voll… und da ich nichts vertrug, war ich auch hier das schwarze Schaf der Truppe.

Statt zu Trinken stellte ich schon die Weichen für meine Zukunft: neben der Lehre ging ich noch mit Einverständnis meines Vaters zwei Mal pro Woche auf die Schule für Kunst und Handwerk, um meinen Traum vom Mosaiksetzer zu realisieren. Ein weiterer Grund, den Neid und Spott der Gesellen auf mich zu ziehen.

Leider wurde hier sehr schnell klar, dass die beruflichen Chancen nahe Null standen, da die saarländischen Mosaik-Setzer natürlich sehr dünn gesät waren und zudem einem sehr engen Klüngel entsprangen, zu dem ich keine Beziehungen hatte.

Ich bestand meine Lehre locker, und blieb noch rund zwei Jahre in der völklinger Firma.

Es ist 1959/1960, die Zeit des Bau-Booms. Ein junger Politiker namens John F. Kennedy macht vor den 44. Präsidentschaftswahlen in den USA von sich reden. Der Film „Psycho" hat seinen Kinostart, Rocco Granata singt dazu „Marina."

Mit diesem Mittelmeer-Urlaubs-Gefühl erinnere ich mich gerne an die Stimmung der Zeit: wir verdienten gutes Geld, es gab überall Arbeiten für Fliesenleger, jedes Privathaus verfügte über gefliese Räume, Großunternehmen benötigten Fliesen in gewerblichen Flächen, je nach Nutzung mit speziellen Eigenschaften, die das Ganze noch kostenintensiver und für uns gewinnträchtiger machten.
Wir machten Urlaub an der Côte d´Azur, ein paar Arbeitskollegen und ich. Eigentlich hatten wir nur drei Wochen regulären Urlaub. Es gefiel uns aber

natürlich sehr an der französischen Küste, die Atmosphäre mag mit folgender Anekdote beschrieben werden:
Nach zwei Wochen französischen Essens gelüstete es uns nach typisch saarländischer Küche.
„Lasst uns Gefüllde machen!" schlug einer vor. *Gefüllde* sind saarländische Kartoffel-Klöße, die mit Fleischbrät gefüllt sind. Gegessen werden sie mit Sauerkraut und einer kräftigenden Speck-Sahnesoße.
Die Zutaten sind unkompliziert, wir bekamen auch in Frankreich Sauerkraut, natürlich Kartoffeln, Sahne, Speck und Hackfleisch.
Und so bruzzelten wir drei Jungens... und zogen durch den Geruch immer mehr Zaungäste an.
Nicht nur Franzosen kannten diese Küche nicht, sondern auch die Deutschen, die nicht aus dem Saarland stammten.
Natürlich durften sie auch probieren – und waren im 7. Gourmet-Himmel!
Quintessenz des Kochens: am nächsten Tag wurde der größte Topf des Campingplatzes aufgetrieben, die größte Pfanne sowie Zutaten für eine halbe Soldatenarmee, und wir beköstigten den halben Platz bis alle die Bäuche von dem deftigen Gericht randvoll hatten.

Ab diesem Tag brauchten wir nie wieder zu kochen oder Wein zu besorgen... reihum wurden wir jeden Tag woanders eingeladen.

Nach den drei Urlaubswochen kam einer von uns angelaufen und meinte: „Ich hab´ jemanden getroffen, der Handwerker für seine Villa benötigt! Lasst uns das machen, für bar auf die Kralle und freie Kost und Logis!" – heute undenkbar: wir machten es! Als wir dann nach 6 Wochen erst nach Hause kamen, lagen natürlich die Entlassungs-Papiere in der alten Firma bereit – das machte uns nichts aus, es wartete übergangslos bereits eine neue Firma auf gute Mitarbeiter.

So kam ich mit 20 Jahren zur Firma Hans Meier. Hans Meier lernte ich an der Côte kennen. Schon damals fand man Saarländer überall auf der Welt... Er sah mich arbeiten und stellte mich sofort ein.

Ein saarlandweit bekanntes Großprojekt war das Haus Regina, jenes Hochhaus, welches sich in St. Ingbert an der A6 befindet. Dort habe ich mit den Kollegen die Bäder von oben bis unten gestaltet.

Und – entgegen heutiger Meinung zu Hochhäusern: fast jedes Bad war individuell! Damals war es chic, in einem Hochhaus zu wohnen: viele örtliche Größen wollten die Aussicht auf die Mittelstadt St. Ingbert genießen und kauften schon in der Bauphase ihre

Appartements! Manche sicherlich ganze Etagen... bei diesem Projekt lernte ich auch den bekanntesten (inzwischen verstorbenen) Nahost-Experten Deutschlands kennen und sehr schätzen, welcher seine Karriere bekannterweise im Saarland begann: Peter Scholl-Latour.

Nach dieser Mammut-Aufgabe war für mich vorgesehen, wieder mit Hans Meier an die Côte d´Azur zu gehen um dort die Villen der Wirtschaftswunder-Bosse auszubauen.
Doch das Vaterland rief...

Einberufen

1962 rückte ich mit meinem neuen R4 (1961 kam die Modellreihe auf den Markt) in Marburg an der Lahn „beim Bund" ein.

1. Zug Ausbildungs-Kompanie 15/III, Marburg/L. Tannenbergkaserne
März 1965

Jener R 4 sollte mir das Leben während der Grundausbildung erheblich erleichtern: die meisten Soldaten besaßen kein Auto, und ich nur deshalb, weil ich schon gut verdiente. Nun hatte unser Zugführer, ein junger Leutnant, eine nette Freundin unweit der Kaserne – aber die Entfernung war für abendliche Besuche doch zu weit, er besaß nur ein Fahrrad und bei Zapfenstreich um 22:00 Uhr musste jeder zurück sein. Mit einem Fahrzeug sah das anders aus.

Beim ersten Mal druckste er noch herum… Autos, die ungenutzt auf dem Kasernenhof stehen… und Rekruten, die ja gar nicht das Gelände verlassen dürfen… er ja hingegen nach Dienstschluss schon… seine hübsche Freundin… Da wir trotz des Rangunterschieds von Mann zu Mann gut miteinander auskamen,

drückte ich ihm die Autoschlüssel in die Hand. Und das ziemlich oft… So war *er* glücklich, und *ich* hatte weniger Wochenenddienste und bei den Feldwebeln einen riesen Stein im Brett!
Und übrigens auch mit einem Hemden-Faltkasten, den ich mitbrachte… meine Mutter führte ja beruflich Haushalt und gab ihn mir mit. Spindordnung ist ja bekanntlich bei allen Armeen der Welt ein Lieblingsthema. Mit dem Hilfsmittel waren meine Hemden glatt wie mit einer Schnur gezogen und galten als Beispiel – welchem die armen Kameraden ohne ein solches Faltbrett natürlich nur schwer nacheifern konnten…

Nach der Grundausbildung ging es nach Koblenz, Sanitäts-Bataillon 3. Viele Leser werden es wissen: auch, wer einen Führerschein hat, muss ihn bei der Bundeswehr erneut machen, weil beim Barras halt alles anders ist… Meinen LKW-Führerschein machte ich dann gleich auch, und wurde in die offene Stelle der Schirrmeisterei zu Oberfeldwebel Mayen versetzt. ´Schirrmeisterei´ ist die Bundeswehr-Bezeichnung für die Werkstatt, welche für das Wohlergehen der technischen Ausrüstung der Kompanie sorgt und unter anderem auch für die Fahrzeuge zuständig ist. Eigentlich ein guter und ruhiger Job, fernab von Geländeübungen, quasi in der heimatlichen „Etappe".

Jedes Fahrzeug, welches bei der Bundeswehr mehr als 50 Kilometer bewegt wird, braucht einen „Fahrbefehl", unterzeichnet vom Bataillons-Kommandeur. Da wir ja ein Sanitäts-Bataillon waren, war der Kommandeur meist im Lazarett, kilometerweit entfernt von unserem Fahrzeug-Depot. Wievielmal ich zwischen Lazarett und Depot hin- und hergefahren bin, kann niemand mehr zählen... und der Kompanie-Chef, von Rang Oberfeldarzt, war sehr genervt, neben seinem aktiven Dienst noch ständig Fahrbefehle von ein paar Kilometern ausfüllen zu müssen... So kamen denn Schirrmeister Mayen und er überein, dass er in gewissen Abständen zwei Blöcke á 50 Fahrbefehle blanko unterschreibt, und wir Grund, Fahrziel und Strecke dann später ausfüllen und er seine Ruhe vorm Fahrzeug-Depot hat. Das Ganze natürlich streng geheim, weil das *so* von der Bundeswehrführung nicht ganz vorgesehen war.

Es kann nicht dementiert werden, dass sich daraufhin Test- und Werkstatt-Fahrten signifikant erhöht hatten... mein Leutnant von der Grundausbildung hätte meinen R 4 wohl nicht benötigt... für die armen Soldaten konnte auch an unserer Tankstelle mit „kreativer Buchführung" der ein oder andere Tropfen Sprit für die Privatautos abgespart werden.

Oberfeldwebel Mayen wollte Offizier werden und war entsprechend oft auf Lehrgängen. Mich hätte er gerne als Unteroffizier gesehen, damit die Schirrmeisterei nicht so oft unbesetzt war. Zumindest ein Unteroffiziersrang sollte dort immer verantwortlich sein.
Gegenüber der Unteroffiziers-Vergütung verdiente ich allerdings ein Vielfaches mehr im alten Beruf, von daher fand ich eine Unteroffiziers-Laufbahn damals uninteressant.

Ich konnte ja noch nicht wissen, was mir damit im Leben erspart geblieben wäre... ich hätte mit 54 in eine sichere Rente gehen können...

Entsetzt war ich über den Mannschafts-Wehrsold von 64 DM im Monat - und froh darüber, dass mir mein alter Arbeitgeber Hans Meier bei jedem Heimatbesuch einen 100 DM-Schein zusteckte. Allerdings nicht beim ersten Besuch: ich kam in Zivil und er wurde richtig böse, dass ich nicht zackig in Uniform antrat! Was das denn nun für eine neue Armee wäre, früher war das anders... übrigens in Übereinstimmung mit meiner Oma Maria!
So schmiss´ ich mich also bei den nächsten Besuchen in Uniform, und alle waren zufrieden. So ist dieses Foto entstanden:

Die 18 Monate Wehrdienst gingen zu Ende. Hans Meier erwartete mich, Arbeit erwartete mich. Und zwar an der Côte d´ Azur, wo er beschäftigt war. Es wäre ein jahrelanger Job geworden... es war die große Zeit des Villenbaus, die alle aufwändige Bäder bekommen sollten... *wäre!*

Ein Unfall und eine Hochzeit

Kurz, nachdem meine Dienstzeit als Soldat zu Ende war, hörten wir von dem Unglück:
Auf der Heimfahrt von der Côte war Hans Meier mit seinem Chevi frontal mit einem Bus kollidiert. Seine Sekretärin war sofort tot, er starb ein paar Tage später im Krankenhaus.

Ganz zu Ende war das Kapitel *Firma Hans Meier* damit noch nicht: dass seine Sekretärin mit ihm an der Côte d´ Azur war, war seiner Ehefrau zuhause *so* nicht bekannt... mir schon...

Da wir uns so gut verstanden, trat die Witwe Meier (eine Ballett-Tänzerin am Saarbrücker Staatstheater) auf mich zu – sie ahnte, dass Ihr Mann eine Freundin hatte und war ziemlich sicher, dass er ihr als Chef einer Baugesellschaft auch eine Wohnung zur Verfügung gestellt hat. Sie suche nun den Schlüssel, ob ich denn irgendeine Ahnung hätte, wo der sein könne.
Ich überlegte hin und her... Hans Meier war tot, seine Affäre auch... es gab nichts mehr zu verbergen, also willigte ich ein, ihr im Büro der Firma suchen zu helfen.

Ziemlich zielstrebig „fand" ich den Schlüssel dann unter der Schreibtisch-Schublade festgeklebt...
Ob ich nun denn auch wisse, wo die Wohnung ist?
Ich wusste es... wir betraten zusammen die Wohnung, die praktisch gegenüber dem Firmensitz war.
Fassungslos stellte sie fest: „Das ist ja *meine* Statue! Und die Bilder! Der Tisch... *hier* ist das also alles gelandet!"
Wir gingen in das Bad – riesengroß, vergoldete Fliesen, das neueste Design, strahlend hell, wie die ganze Wohnung sehr exklusiv.
„Haben Sie *so* etwas schon einmal gesehen, Herr Grewenig???" fragte sie tonlos.
Hatte ich, weil ich es selbst angefertigt hatte...
Was ich jetzt aber nicht explizit zur Sprache brachte.

Als Tänzerin konnte Frau Meier den Betrieb nicht weiterführen. Sie war mir nicht böse, da ich ja bei dieser Geschichte nicht federführend beteiligt war, und so empfahl sie mir, zur Firma Wolf ihres Neffen zu wechseln.
Heute würde man sich etwas an der Seriosität der Firma Wolf stoßen. Zur Eröffnung musste ein inaktiver Meister pro forma eingestellt werden, da der Eigner diesen Titel nicht führte. Erst später konnte er diesen erlangen.

Ich werde es nie vergessen: sein Meisterstück war sein eigenes Bad und er bat mich, ihn zu unterstützen.

Der Leser wird es noch im Gesamtwerk sehen: mir fehlt das Wörtchen „nein!"

Jedenfalls sah die Unterstützung so aus, dass *ich* das Bad flieste, er sich mit ein bisschen Speis befleckte und ich ins Schlafzimmer flüchtete, als die Meister-Innung zur Inspektion kam. 2 ½ Stunden stand ich dort mit Mörteleimer und Kelle in der Hand und hoffte, dass keiner in das Zimmer kommt und das Ganze aufflog!
Doch er bekam seinen Meister-Titel!
Oder *meinen* Titel, wie man´s nimmt…
Erfolgreich war die Firma indes, hatte sie doch enge Verwandtschaft im Bauamt und war auf´s Beste informiert.

In dieser Zeit rückte allerdings ein persönliches Ereignis in den Vordergrund: meine Hochzeit!

Es ist 1967, Start des Farbfernsehens in Deutschland, die Beatles veröffentlichen „Sgt. Pepper´s Lonely Hearts Club Band", später

wird man das Jahr als „Summer of Love" bezeichnen, als Höhepunkt der Hippie-Bewegung.
Und Elvis Presley und ich heiraten – er seine Priscilla, ich meine Hilde.

Ich habe sie schon vor meiner Bundeswehrzeit beim Tanzen kennen gelernt. Ihr Zieren zog mich magisch an. Ich wollte sie so gerne in meinem Auto heimfah-

ren, doch sie hatte immer ihr Fahrrad dabei. Dieses verdammte Fahrrad!
Irgendwann hatte ich riesen Glück, denn irgendjemand hatte das Fahrrad wohl gestohlen. Und sie musste schnell nach Hause, um ihre elterliche Ausgehfrist nicht zu überschreiten. Und so fuhr ich sie heim und so begann alles...

Irgendjemand scheint das Fahrrad übrigens gefunden zu haben, denn es konnte tags darauf im Fundbüro wieder abgeholt werden. Was für ein glücklicher Zufall aber auch...
1969 kam mein Sohn zur Welt und 1972 meine Tochter.
Zu dieser Zeit begannen meine großen Abenteuer, die ich *so* nie bestellt hatte...
Meine große Stütze bei allen Geschichten, die ich noch erleben sollte, war meine Familie, die immer hinter mir stand! Quasi als stabiler und *glück*-licher Gegenpol...

Zwischenzeit

In der Firma Wolf des Côtes d´ Azur-Neffen fühlte ich mich nicht mehr wohl und ein Angebot einer luxemburgisch-belgischen Marmorfirma mit belgischem Bruch kam mir gerade Recht. Es war meine erste selbständige Arbeit, ich bekam nur ein kleines Fixum, eigentlicher Verdienst war die Provision von verkauftem belgischen Marmor. Die Kunden-Aquise fiel mir leicht: da ich ja Bauhandwerker war, kannte ich jedes Stadium eines Neubaus. Ich fuhr Bau-LKW hinterher, weil ich den Aushub erkannte. Oder LKW mit Baugerät zum Ausheben einer Neubaugrube. Ich wusste, dass das Bauamt jeden Baubeginn entsprechend veröffentlichte und wo. Zu dieser Zeit ist dem Bauherrn meist noch unklar, wie sein Bad oder sonstige Fliesen- oder Steinflächen aussehen sollen. Dazu hatten wir dann Prospekte und immer Spezial-Preise, die *selbstverständlich* nur kurz erhältlich waren... Begrenztheit beschleunigt das Abschluss-Potential ungemein! Zudem merkten die Bauherren, dass ich kein Vertreter, sondern vom Fach war.

Das ließ die Geschäfte ziemlich gut laufen. Für diese Firma war ich das erste Mal auf italienischen Messen.

Der Leser muss wissen: wenn es um Fliesen und Steine geht, ist Italien der absolute Vorreiter in Europa!

Nur, um mich als Vertreter zu schulen, heuerte ich bei einem Vertrieb für Diktiergeräte an. Dieser Vertrieb bildete in einem Lehrgang hervorragend aus, und mir wurden noch heute gültige Grundsätze des Verkaufens beigebracht (welche damals noch neu waren): jedes Angebot muss einen Mehrwert für den Kunden darstellen, jeder Gegenstand ist einzigartig, hat ein Alleinstellungs–Merkmal und wird vom Kunden dringend gebraucht! Und ist zudem noch gerade JETZT sehr günstig, der Kunde muss sofort zuschlagen!

Tatsächlich stellten die Diktiergeräte ein Novum dar: sie wurden immer paarweise verkauft, ein „Chef"-Gerät, welches Aufnehmen *und* Abspielen konnte, und ein kleineres „Sekretärin"-Gerät, welches nur abspielen konnte und entsprechend technisch unaufwändiger war.

Speichermedium war ein Magnetband auf einem Papierstreifen, der abgeschnitten wurde und mit Notizen versehen werden konnte. Das heißt also, man hatte einen Streifen mit der Aufschrift „Telefongespräch vom 10.03.70" oder „Brief an Bank vom 04.03.1970", und die Streifen waren nur zentimetergroß und konnten abgeheftet werden. Somit entstand eine Ordnung, wie sie praktisch erst heute mit der Computertechnik wieder möglich ist durch die freie Benennung von Ton-Dokumenten. Bekanntlich ist dies bei den herkömmlichen Diktiergeräten mit Tonbandgeräten nicht möglich gewesen, die ohne technische Trennung hintereinander aufzeichneten.

Viele Leser mögen sich an die große Kassettenzeit erinnern, an das zeitraubende Hin- und Herspulen, bis der Anfang eines bestimmten Liedes gefunden wurde...
Insofern konnten sogar papierlos Daten und Informationen verschiedenster Art aufbewahrt und sofort wiedergefunden werden.

Aus diesem Grund war dieses Diktiergerät für die Büroorganisation sehr interessant.
Obwohl überhaupt nicht mein Fach, verkaufte ich diese Geräte wie warme Semmeln. Allein an die größte saarländische Bank verkaufte ich in einem Rutsch 140 Geräte.
Und als ´Schmankerl´ für Unentschlossene kam hinzu: die Rücknahme der vorhandenen, alten Sprachaufzeichnungs-Geräte für einen bestimmten Betrag.
Der Kunde fühlt sich immer wohl, wenn vorhandene, funktionierende Gegenstände noch für etwas genutzt werden...
Allerdings war der Rücknahme-Kauf schon im Kaufpreis der Neuen einkalkuliert, die alten Geräte wurden sofort geschreddert... damit nichts mehr an sie erinnerte und sie vom Markt verschwanden.

Aber dies war nur ein kleiner Ausflug in die Welt der Vertreter, die alles Mögliche verkaufen...

Eigentlich ging es mir nach wie vor um belgischen Marmor.

Irgendwann, so um 1970, wurde auch die Konkurrenz der luxemburgischen Firma auf mich aufmerksam.
Es ging im Grunde um dasselbe Thema, Vertrieb von Fliesen und Stein für Neubauten, und ich ließ mich mit einem neuen Peugeot 404, Kilometergeld und besseren Konditionen von einer deutschlandweit bekannten Baumarktkette abwerben.

Prelude: Baustoffhandel-Fiasko

Wir sitzen am Kaffeetisch, nervös, die Atmosphäre sirrt vor Anspannung.
Alles zuckt zusammen als die Feuersirene statt des erwarteten Telefonanrufs losheult.
Meine Frau sagt: „Das ist der Buseck, der hat sein Haus angesteckt!"
Wir springen auf, ich renne die 2 Treppen runter zu meinem Auto und fahre los.
Tatsächlich: schon von weitem sehe ich Rauchschwaden über seinem Haus!

Dieses Schwein!!!
Das *kann* nicht wahr sein!!!

Das Vertreter-Geschäft für die Supermarktkette lief sehr gut. Warum bin ich nicht dabei geblieben?
Doch der Mensch strebt immer nach Verbesserung...

Es ergab sich, dass die Baumarktkette zwei größere Gebäude in Heusweiler in der Nähe des Bahnhofs und in Lebach aufgab.
„Das wäre doch genau das richtige für Dich!" hieß es. „Da machst Du einen eigenen Baumarkt auf! Mit Deinen Verbindungen wird das eine Goldgrube!"
Ich überlegte... das stimmte natürlich... Verbindungen waren genug da aus meiner Vertreterzeit... Lieferantenverbindungen. Von den Messen, von meiner Tätigkeit... ich war *im Business* würde man heute sagen.
Der Grund, auf dem das Gebäude stand, gehörte der Bahn und war gepachtet. Wenn ich es nicht nehmen würde, würden die Hallen abgerissen, ein Wert von 250.000 DM.
Konkurrenz gab es zudem in beiden Orten kaum – zumal ich bessere Endpreise kalkulieren konnte.

Als das ein bekannter Banker, Herr Buseck, hörte, war er sofort Feuer und Flamme, bot sich als Compagnon an – und ich war auch nicht mehr zu halten!
Das Geld war da, und wir starteten das Projekt.
„Heusweiler und Lebacher Baumarkt" sollte das Kind heißen!
Zwei kleine Häkchen hatte die Sache, welche ich aber damals nur als Stellschrauben ansah: der Banker war nicht flüssig und so zahlte ich die Abstandssumme für die Hallen; und unser GmbH-Vertrag kam nicht zustande, der Grund dafür war die Industrie- und Handelskammer, die eine bestimmte Mindestanzahl an Artikeln für einen „Baumarkt" vorschrieb. Diese Anzahl konnten wir wegen Platzmangels im Moment nicht anbieten.
Damit das Projekt trotzdem anlief, firmierten wir unter „GmbH i.G.", das heißt GmbH in Gründung. Was rechtlich eine GbR darstellte, eine Gesellschaft bürgerlichen Rechts.
Den Kaufleuten unter den Lesern ist es bekannt: eine Gesellschaft mit beschränkter Haftpflicht (GmbH) haftet nur mit dem Firmenvermögen bei Problemen, ist eine sogenannte *juristische Person*. Eine *Gesellschaft bürgerlichen Rechts* dagegen stützt sich auf eine natürliche Person, und diese Person haftet mit ihrem gesamten Vermögen, muss gegebenenfalls ihr Haus verkaufen, um Forderungen zu decken.

In diesem Fall war ich diese Person...

Zudem durften wir uns eben nicht „Baumarkt" nennen, sondern stattdessen „Baustoffhandel."
Diese Mankos störten mich aber nicht, da der Markt gigantisch anlief. Tatsächlich konnte ich unsere Handelswaren günstiger anbieten als andere Märkte.

Viele haben sie noch im Haus, wenn auch inzwischen oft „zweckentfremdet" als Computer- oder Fitnessraum:
Es war die große Zeit der Hausbars!
Jeder Neubau musste eine haben! Rustikal musste sie sein, mit viel Holz, der Boden mit unempfindlichen Platten gefliest, damit auch gerne mal ein Bierkrug aufprallen kann ohne Schaden zu hinterlassen.
Der ist auch bei James Last's *Non Stop Dancing* schnell heruntergeworfen...

Der gekaufte LKW war rund um die Uhr im Einsatz, karrte Holz, Fliesen und Fugenspachtel in die beiden Märkte. Der Umsatz ging durch die Decke. Nach rund einem Jahr fuhr ich einen Mercedes Benz 450, die damalige S-Klasse.

Buseck trug zu dem Erfolg allerdings wenig bei. Noch immer fehlte sein Anteil am Gründungskapital, und während ich Tag und Nacht in den Märkten arbeitete, LKW fuhr oder vor Ort in Italien oder sonstwo verhandelte, produzierte er im Büro Telefonrechnungen von 2.000 DM im Monat, die wohl wenig mit unserem Laden zu tun hatten.

Ich erinnere mich, wie er aus Geldgier einen Großdeal verhauen hat: in Italien wurde Fliesenkleber mit besseren Eigenschaften entwickelt als alles, was bisher auf dem Markt war. Dieser Fliesenkleber wurde in unserem Baumarkt LKW-weise verkauft, nicht nur an Privat-Hausherren, sondern auch an Bauunternehmen für Großbaustellen und auch andere Baumärkte kauften bei uns für ihren eigenen Bedarf. Wir kamen mit dem Liefern nicht mehr nach...

So wurde überlegt, ob die italienische Firma nicht gleich ein Zweigwerk im Saarland baut, was für alle Seiten ein lohnendes Geschäft gewesen wäre. Als Buseck die Verhandlungen übernahm, konnten die Italiener allerdings nur noch ablehnen wegen seiner Provisions-Konditionen. Die Italiener hatten sich über Buseck informiert – nahmen mich kurz zur Seite und warnten mich vor ihm...

1974 brummte unser Baustoffhandel, alles lief in geregelten Bahnen, und für mich war es an der Zeit, endlich einmal Urlaub zu machen. Zwei Wochen Andalusien sollten es sein!

In der kurzen Zeit sollte eigentlich nicht viel schief gehen…
1974 war man im Urlaub noch *weg*. Das heißt, nicht via internet oder smartPhone doch noch irgendwie vor Ort… aber wir waren es ja nicht anders gewöhnt. Urlaub ist Urlaub.
Da Buseck ja nicht Geschäftsführer war – wir firmierten immer noch unter „GmbH in Gründung", waren also rechtlich noch immer eine Gesellschaft bürgerlichen Rechts auf meinen Namen – unterschrieb ich ihm ein paar blanko-Vollmachten, damit er das übliche Tagesgeschäft durchführen konnte. Lieferanten und ankommende LKW wurden direkt bezahlt, oft in bar. Auch meinen Mercedes ließ ich ihm da, obwohl er natürlich selbst einen Firmenwagen besaß. Ich brauchte ihn ja 14 Tage nicht.

Ich genoss meinen Urlaub, den ersten seit Jahren der Schufterei.

Als ich aus Spanien heimkam, ging es natürlich als erstes ins Büro.
Wollte ich zumindest. Allerdings passte mein Schlüssel nicht ins Schloss. Meine Gedanken rätselten… hat jemand den Schlüssel verloren und deshalb wurde das Schloss ausgetauscht? Ich sah´ mich um, es waren Lieferanten auf dem Parkplatz – die mich auch

sogleich überfielen mit offenen Rechnungen in der Hand!

Ich sackte ein Stück in mich zusammen... was hatte Buseck hier angestellt? In nur 2 Wochen???

Ich musste sofort ins Büro, ließ einen Schlüsseldienst kommen. Der jedoch weigerte sich, das Büro aufzubrechen, ich hatte so aus dem Urlaub nichts bei mir, was mich als rechtmäßigen Besitzer ausgezeichnet hätte. So musste ich erst die Polizei rufen lassen, die nahm langatmig eine Anzeige auf, und so durfte der Schlüsseldienst mein eigenes Büro aufbrechen.

Ich brauchte nicht lang, um die Lage zu überblicken: kein Buseck mehr da, alle Lieferanten und Rechnungen unbezahlt, das Konto leer, 1,2 Millionen DM in bar ausgezahlt an - Herrn Buseck!

Ich war paralysiert, wie vom Blitz getroffen!

Der nächste Weg ging zum Rechtsanwalt, der wenig für mich tun konnte, da rechtlich alles unstrafbar verlief.

Nach dem Menschlichen fragt das Gesetz ja nicht...

Er riet mir lediglich zur Selbstanzeige, damit rechtlich klar ist, dass meine GbR zahlungsunfähig ist.

Die 1,2 Millionen waren natürlich kein Gewinn, sondern „Durchgangsgeld" zum Zahlen der Forderungen von Lieferanten.

Ich war pleite, haftete mit allem. Ich leistete den Offenbarungseid, das Familienhaus musste versteigert werden, Gott sei Dank konnten es meine Eltern kaufen und wir so wohnen bleiben...

Aber das Gefühl, dem Schwiegervater sagen zu müssen, dass ich mittellos bin, von einem Tag auf den anderen, war unbeschreiblich...

1967 versprach ich ihm bei der Hochzeit, für meine neue Familie zu sorgen...

Ich musste dauernde Besichtigungen von möglichen Käufern in meinen selbst ausgebauten vier Wänden über mich ergehen lassen, das Haus stand ja als Versteigerungsobjekt in der Zeitung.

Schulden konnte ich durch den Hausverkauf zum großen Teil decken. Auf die Firma lief ein Kredit von 170.000 DM, der Fuhrpark von zwei Pritschenwagen, ein LKW und zwei Gabelstapler wurden dafür versteigert.

Wer jetzt davon ausgeht, man hätte nie wieder von Herrn Buseck etwas gehört, irrt:

Der Herr wohnte weiterhin im Saarland!

Irgendwann in der Zeit, die mir wie eine lange, dunkle Nacht in Erinnerung ist, sah ich in Neunkirchen/Saar seinen Wagen vor einem Restaurant stehen. Es war abends und schon dunkel. Ich erinnerte mich, dass seine hintere rechte Tür ständig Probleme

beim Schließen hatte. Die Zentralverriegelung klackte zwar an allen Schlössern, trotzdem blieb diese Tür offen. Da ich der Handwerker in unserer Firma war, ließ er mich mehrmals danach schauen und schrauben, aber wirklich beheben konnte ich es nie.
Ob die Tür jetzt auch offen war?
Ich parkte hinter ihm, sah mich um, Adrenalin schoss durch meinen Körper – sollte ich es tun oder nicht??? Eigentlich nicht, aber wenn ich es nicht tue, würde ich es bis an mein Lebensende bereuen und mich fragen, was ich denn da drin gefunden hätte und ob ich mir eine Chance entgehen ließ, wieder zu leben!
Ich tat es – raus aus meinem Auto, ran an die hintere Tür und tatsächlich – offen! Und eine Aktentasche auf dem Rücksitz!
Ich schnappte sie, lief wieder zurück in mein Auto – umschauen – niemand zu sehen – und ab um die nächste Ecke.
Dort musste ich erst einmal halten und mich sammeln, weil meine Hände so zitterten, dass ich nicht weiterfahren konnte. Für kriminelle Handlungen bin ich nicht gestrickt.
Nach ein paar tiefen Atemzügen nahm ich mir den Aktenkoffer vor. Er war unverschlossen, klickte sofort auf.

Mir stockte der Atem: viel war nicht darin: ein 38er Trommelrevolver, mehrere Dum-Dum-Geschosse, vorne abgeflacht um im Ziel mehr Schaden anzurichten als die üblichen spitzen Geschosse; 2 Scheckkarten einer Baseler Bank, und zwei Bareinzahlungsbelege á 600.000 DM!

Aber was jetzt tun?
Zuhause angekommen, rief ich sofort meinen Rechtsanwalt an. Ein großer Fehler, wie sich später herausstellte!

Er riet mir dazu, den Koffer erst einmal zu deponieren. So fuhr ich ihn zu meiner Schwester – falls Buseck gleich mich verdächtigen würde, wenn er den fehlenden Koffer bemerkt und ihm das mit der Seitentür einfiele und dass ich daran schon früher herumgeschraubt hatte…

So ist es denn ja auch gewesen.
Am nächsten Tag rief mich meine Schwester an: sie konnte sich nicht dagegen wehren, die Polizei hätte den Koffer abgeholt!
Zuerst erschrak ich zu Tode… doch dann beruhigte ich mich wieder – bei der Polizei war der Koffer ja in besten Händen! Natürlich lief eine Anzeige von mir gegen Buseck, und in diesem Koffer waren alle Beweise dazu!

Leider hat mich mein Rechtsanwalt schlecht beraten: Natürlich hatte Buseck auch eine Diebstahls-Anzeige wegen seinem Aktenkoffer erstattet. Und in Deutschland geht eine Diebstahlsanzeige vor einer Vermögenssache!

Das heißt im Klartext: die Polizei hat Buseck den Koffer ungeöffnet wieder übergeben!!!

Erst dann wird wieder erfolglos meinem Fall der veruntreuten Gelder nachgegangen!

Armes Vaterland!

Und ich hatte die Beweise in der Hand!

Nur illegal beschafft!

Unzählige Krimis erzählen davon... nur dies war die Wirklichkeit. Ich war fassungslos!

Wieso die Polizei so schnell den Koffer finden konnte, ist mir bis heute unklar... auf der anderen Seite kannten wir uns ja gut, er kannte auch meine Schwester und konnte davon ausgehen, dass ich den Koffer nicht zuhause stehen lasse...

Den Revolver hatte er übrigens legal, da er Konsul für irgendein Land in Afrika war, irgendein gekaufter Titel, der ihm im Leben bei Betrügereien half.

Wie ich später herausfand, hatte er seine Karriere mit einem Steuerhilfeverein begonnen, welcher 8.000 Mitglieder hatte. Diesen „half" er bei den Steuern, und sackte einen Teil der Rückvergütung ein, ohne, dass die Mitglieder es wussten oder ahnten, da der Verein ein „e.V." trug und somit keinen Gewinn machen durfte...

An die schweizer Bank war nicht heranzukommen. Für sie lag kein illegaler Geschäftsvorgang vor: eine Person mit gültigem Ausweis hat mit Bargeld zwei Konten eröffnet und ihre Papiere dazu bekommen.
Ich hatte sie also, die Arschkarte! Und zwar die Goldene!

In der Dunkelzeit wollte ich Buseck umbringen. Ich habe mir in Frankreich eine Bauernflinte samt Munition geborgt und habe ihn in seinem Garten abgepasst. An Silvester, als ich sicher war, dass er raus kam – er war sehr vorsichtig, hatte nicht nur mich als Feind. Ich hatte ihn schon im Visier – konnte aber nicht abdrücken. Wie erwähnt, liegt mir Verbrechen nicht im Blut.
Dann musste ich halt zusehen, wie Buseck sich ein Haus in Heusweiler baute. Mit meinem Geld!
Und wie er die nächste Betrügerei aufbaute: mit einer Drücker-Kolonne für Versicherungen, erst im Saarland, später in der Gegend um Darmstadt. Es lief mit fingierten Abschlüssen, die sofort nach Auszahlung der Provision wieder gekündigt wurden. Oder mit Versicherungs-Prämien, die nie die Versicherung erreichten, sondern nur das Konto von Buseck.

Ich beobachtete ihn und seine Kolonnen, observierte sie professionell, wartete ab, bis der Vertreter wieder aus dem Haus war, klingelte dann selbst bei dem Versicherungsnehmer und sprach mit den Betrogenen, wir verglichen Kontodaten. Meist zeigten die Betroffenen die Kolonne an.

In kurzer Zeit kam es so zu 300 Haftbefehlen gegen Buseck, welchen er sich allen entwinden konnte.

Aber es wurde nach ihm offiziell gefahndet.

Ich kenne viele Leute in Heusweiler, unter anderem auch die Nachbarin von Buseck. Mit ihr hatte ich die Vereinbarung, mich sofort anzurufen, wenn er zuhause auftaucht.

Und er tauchte auf und sie rief mich an.

Und ich rief genüsslich die Polizei an, dass er nun zuhause ist und festgenommen werden kann.

Bestellte bei meiner Frau Kaffee und wir warteten auf neuerlichen Rückruf der Nachbarin, ob sie ihn haben.

Dann statt des Anrufs die Feuersirene.

Als ich näher kam sah ich, dass nicht Busecks Haus, sondern sein Auto lichterloh brannte. Die Feuerwehr war schon vor mir vor Ort. Sie hatten Probleme zu

löschen, die Flammen waren zu hoch. Zudem gab es mehrere Explosionen, welche den Kofferraum und die Motorhaube aufschlagen ließen. Die Männer der Feuerwehr gaben das Löschen mit Wasser auf und stellten auf Schaumlöschung um, was einige Zeit in Anspruch nahm.
Meine Augen waren jedoch in die Umgebung gerichtet, ich hielt das Ganze für ein Ablenkungs-Manöver, damit er fliehen konnte. Weder ich noch die Polizei konnten jedoch etwas feststellen.
Irgendwann war das Feuer gelöscht und die Feuerwehr untersuchte das komplett ausgebrannte Wrack. Wobei einer bemerkte: „Verdammt, da ist ja jemand drin!"
Sie fanden eine völlig verkohlte Leiche auf dem Fahrersitz. Während nun Polizei und Feuerwehr eilig durcheinander liefen und großräumig absperrten murmelte ich nur: „Das ist niemals Buseck! Dafür ist er nicht der Typ! Das ist niemals Buseck!"

Es war Buseck. Jedenfalls laut der Gerichtsmedizin, die einen Zahnabgleich gemacht hat und einen alten Armbruch gefunden hat. Ich wusste davon, er war einmal vom Pferd gestürzt.
Die Kripo hat rekonstruiert, dass Buseck das ganze Auto und dann sich selbst mit Benzin übergossen hat, und sich dann mit der mir bekannten Waffe in

den Kopf geschossen hat. Das Mündungsfeuer hat dann das Benzin entzündet.
Er wusste, dass er diesmal wegen seines Vorstrafenregisters in den Knast einfahren würde.
Ich habe den Zeitungsausschnitt der Saarbrücker Zeitung bis heute.
Ob von meinem Geld auf dem schweizer Konto noch etwas übrig ist, weiß ich bis heute nicht.
Die Schweizer lassen niemanden an die Konten heran, Ermittlungen der deutschen Behörden verliefen im Sand.

    Es musste irgendwie weiter gehen.
Da ich ja finanziell „verbrannt" war, wurde eine Firma über meine Frau angemeldet, und da jeder Handwerker-Betrieb in Deutschland einen Meister benötigt, wurden zwei inaktive Meister mit Mindestlohn angestellt, die jedoch nicht zum aktiven Bauteam gehörten – also dasselbe Manöver, welches ich früher bei der Firma Wolf so unseriös fand... beim Neffen von der Côte d´ Azur.
    So ist das im Leben. Man sollte nie ´nie´ sagen...
Aufträge hatte ich von früheren Beziehungen in den Baumärkten. Kaufte dort jemand Fliesen oder Natursteine, fragte der Berater diskret hinter vorgehalte-

ner Hand, ob sie denn schon jemanden haben, der das verlegt?

„Moosgrün" und hoch zu Ross

So kam ich über die Runden, bis ich meinen Freund Zampillo kennen lernte! Natürlich aus der Branche und – Italiener! Aus dem Fliesen-Himmel Bologna!

Wir verstehen uns bis heute prächtig, und verbrachten 10 lange Jahre beruflich zusammen... 1975 bis 1985.

Alles begann mit einem leerstehenden Laden in Heusweiler.
Zampillo war Bäder-Spezialist, er wollte diesen Laden in Heuweiler als Ausstellungsraum nutzen, er lag genau an der Bundesstraße 268 mit sehr hohem Durchgangsverkehr. Zudem war kurz davor eine Ampel, so dass dieser Verkehr dauernd gestoppt wurde, Autos vorm Schaufenster zum Halten kamen und dabei schauen viele Fahrer gelangweilt in die Gegend und in Schaufenster. Oder bei der sehr langsamen Vorbeifahrt, wenn sich der Ampelstau auflöst. Und genau dort stellte er seine Handwerkskunst aus, und

der Deal mit mir war: ich mache *nur* Beratung und Verkauf, *kein* Verlegen!
Erwähnte ich schon, dass mir das Wort „nein" fremd ist?

In meiner Filiale in Heusweiler klingelt das Telefon. Ich erwarte freudig einen neuen Kunden – zu dieser Zeit sieht man vor dem Abheben noch nicht, wer anruft.
Es ist aber kein Kunde, es ist mein Rechtsanwalt. Er telefoniert von meinem Hausanschluss aus – zu der Zeit gab es auch noch keine Handys.
Ich solle nach Hause kommen, er hat es! Ich muss es ihm abnehmen! Er hat noch Termine!
Ich fasse es nicht! Wir haben ja darüber gesprochen, aber dass das jetzt so schnell geht? Was soll ich denn *jetzt* mit ihm anfangen???
Ich springe ins Auto, in wenigen Minuten stehe ich vor meinem Haus und tatsächlich: Da steht das Auto von meinem Rechtsanwalt, dahinter schon abgekoppelt ein großer Anhänger und darin: ein schwarzes Pferd, welches nervös den Kopf hin- und herschlägt und mit den Hufen auf den Wagenboden stampft.
Wo soll ich jetzt mit diesem hitzigen Trakehner Wallach hin???

Ich habe meinen Garten nicht umzäunt... kein Pferdefutter, kein Heu, keinen Stall...
Ein bekannter Bauer muss aushelfen und das Pferd nehmen, bis ich alles ausgebaut habe... der Anwalt muss schon wieder abdampfen, lässt mir den Vollblüter im Anhänger stehen. Eine Anhänger-Kupplung habe ich auch... ich habe schon lange nicht mehr die Mercedes-S-Klasse... ich wähle die Nummer von dem Bauern und hoffe auf sein Wohlwollen.

Neben der Beratung in der Filiale Zampillo für Bad-Fliesen war ich auch für die Neukunden-Akquise zuständig.
Ich konnte wieder meine alten Kenntnisse an den Mann bringen, was mir sehr viel Spaß machte. Wieder las ich den *Bauanzeiger*, den wir abonniert hatten, und fuhr Baustellen im ganzen Saarland ab: St. Wendel, Lebach, Merzig, Homburg – gebaut wurde überall. Diesmal konnte ich nicht nur mit Katalogen locken, sondern lud die Bauherren zu unserer Ausstellung in die Filiale ein. Und das war sehr beeindruckend für sie, wir führten immer die neuesten Kollektionen.

Natürlich blieb es nicht aus, dass Kunden gefragt haben, ob ich jemanden kenne würde, der ihnen das auch verlegt?

Ich konnte innerlich nur sehr schwer auf die Bremse treten... hatte aber meine Abmachung mit Zampillo „kein Verlegen der Ware!"

Irgendwann kam jemand in unsere Ausstellung, in meine Filiale, sah sich alles interessiert an und druckste dann herum, ob wir denn niemanden suchen würden, der den Kunden diese Fliesen auch verlege. Er sei selbständiger Fliesenleger und im Moment mau an Aufträgen...

Nun konnte ich nicht mehr anders und meinte, ich könne ihn schon mit Kunden zusammenbringen. Für ein oder zwei Aufträge...

So geschah es auch, und er, Waldemar mit Namen, arbeitete zur vollsten Zufriedenheit unserer Kunden.

Und so weitete sich das Ganze aus... ohne Wissen von Zampillo.

Meine Filiale weitete sich zum Full-Service-Shop aus, wie man es heute nennen würde. Beratung-Verkauf-Verlegen.

In dieser Größenordnung kamen wir schriftlich überein, dass er mir 10 Prozent Provision der Aufträge abgibt – branchenüblich noch sehr tief gegriffen. Ich hatte ja auch Kosten, verbrauchte Zeit und Koordinationsgeschick, um die Baustellen zu bedienen.

Da der gute Fliesenleger alleine war, kam es aber schnell zu Stockungen bei der Arbeit. Zampillo-Kunden riefen dann leider bei mir an, um sich zu beschweren und um Abhilfe zu schaffen. Direkt konnte ich ihnen nicht helfen, ich konnte nur Waldemar anrufen und ihn dringend bitten, seine Baustellen zu beenden.

Was aber nicht gelang... er hatte mehrere Baustellen offen, Zwischenzahlungen verlangt und war dann nicht wieder aufgetaucht.

Der Leser mag es nachvollziehen wie bewohnbar ein Haus ohne Bad ist... bei den Bauherren brennt dann die Luft!

Und ich saß natürlich in der Zwickmühle – dringen die Beschwerden durch zu Zampillo, tritt der mir in den Allerwertesten!

So verlegte ich dann die Fliesen an Sonn- und Feiertagen – unentgeltlich und mit meinen Betriebsmitteln an Kleber und Baumaterialien!

Umso mehr war ich auf die 10 Prozent Provision angewiesen, die wir ausgemacht hatten.

Trotz mehrmaliger Unterredung sah ich von dem Geld nichts... Waldemar war sehr nett, wohnte auf einem Bauernhof in Marpingen, seine Familie betrieb noch eine zünftige Landkneipe, und sprach

donnernd das tiefste platt der Gegend: „Ei´sch gebb da dat Geld, brausch´ Da kenn Sorje se mache![3]"
Machte ich mir aber, inzwischen waren 10.000 DM aufgelaufen.
Da er diese partout nicht hatte, gab er mir zu meiner Sorgenfreiheit einen Wechsel, verpflichtete sich also damit, in spätestens 3 Monaten zu zahlen.
3 Wochen vorher sprachen wir am Telefon. Keine Zahlung.
2 Wochen vorher sprachen wir am Telefon. Keine Zahlung.
1 Woche vorher wollte ich Waldemar persönlich sprechen und begab mich in sein Gasthaus in Marpingen, allerdings war er selbst nicht da. Wunderte es mich, dass die Familie von dem Wechsel gar nichts wusste? Ich bat eindringlich, mit Waldemar darüber zu sprechen. Wenn ich mit dem Wechsel zur Bank ginge, wäre ihre Kreditlinie für lange Zeit zu Ende.
„Ach Gott, Sie nemme us jo et Brrot aussem Schrank![4]" meinte sie im breiten Dialekt. Dass ich dafür gearbeitet und Benzin verfahren habe, erwähnte sie nicht…

---

[3] Dialekt: „Ich gebe Dir das Geld, Du brauchst Dir keine Sorgen zu machen!"
[4] „Sie nehmen uns ja das Brot aus dem Schrank!"

Indes, es nutzte wenig. Das Zahlungsdatum verstrich und ich besuchte wieder einmal einen Anwalt, was ich nun tun könne.

Dieser fragte, ob Waldemar etwas von Wert hätte, da man aufgrund eines geplatzten Wechsels praktisch sofort pfänden könne.

„Naja...", meinte ich, „...ich war öfter auf seinem Bauernhof, er hat 4 Pferde, darunter einen sehr edlen Trakhener, der könnte so um die 10.000 Mark wert sein..."

Wie erwähnt, bin ich ja auf dem Land aufgewachsen und habe einen Blick für Pferde.

„Alles klar!" meinte der Anwalt, „ich erwirke eine einstweilige Verfügung und melde mich wieder bei Ihnen, wie wir vorgehen..."

Die Art des Vorgehens stand zwei Tage später im Pferdeanhänger vor meinem Haus...
Ein wunderschönes Tier!

Der befreundete Bauer nahm das Pferd gerne zwei, drei Monate auf, und ich baute meinen Garten pferde– also koppelgerecht – aus.

Und war somit stolzer Besitzer eines Sportpferdes! Ein eigenes Pferd wollte ich eigentlich schon immer einmal haben!

Ich fühlte mich direkt zurückversetzt in meine Kindheit, an den Nachbarn mit den Militärpferden!

Kurze Zeit später trat ein Bekannter auf mich zu und machte mir einen Vorschlag: er habe auch ein Pferd und wenig Platz. Ob man die beiden Pferde nicht auf meinem Grundstück zusammenstellen könne; dafür baue er einen ordentlichen Pferde-Stall. Ich fand die Idee ganz gut, ich hatte eher eine untypische Hütte für meinen Rappen und keine Zeit zum Bauen. Zudem war er ein guter Handwerker. Also willigte ich ein.

So nach und nach entstand ein schöner Stall, beide Pferde waren schon darin, vertrugen sich gut – und praktisch zum Richtfest war die Polizei auf meinem Grundstück, als ich abends von Zamillos Filiale heimkam. Mein Bekannter kam auf mich zugeschossen, bevor die Polizisten mich erreichen konnten und flüsterte mir uns Ohr: „Nimm´ alles auf *Dich*! Nimm´ alles auf *Dich*! Ich zahle alles! Ich hab´ schon zu viele Dinger auf dem Kerbholz, die sperren mich ein! Nimm´s auf *Dich*!"

„Wie, was, um was geht´s denn?" entgegnete ich überrumpelt.

Aber da waren schon die Polizisten bei mir – an sie ging dieselbe Frage: „Um was geht´s denn?"

Ob ich der Besitzer des Grundstücks sei?

„Ja!?"

Ob die Pferde-Scheune mir gehöre?

„Ja, ja, und die Pferde auch! Wieso, ist was mit den Pferden???"

Nein, mit den Pferden nicht, es ginge eher um die Scheune beziehungsweise aus welchen Baumaterialien sie erbaut wurde. Ob mir das klar wäre?

„Nein, wieso?"

Sie führten mich zum Stall und zeigten mir an Außenbrettern einen Stempel, auf dem „Hallenfreibad Heusweiler" stand.

Mein Bekannter hatte tatsächlich das Baumaterial für den Pferdestall auf einer kaum 200 Meter weiten Baustelle des Heusweiler Bades geklaut!
Und war dann noch so dämlich und hat die Bretter mit dem Stempel nach außen montiert!
Natürlich nahm ich das nicht „auf mich!"
Was aber praktisch gar nichts nutzte... es war mein Grundstück, meine Scheune und kostete mich 5.000 DM und einen Eintrag ins polizeiliche Führungszeugnis.
Natürlich musste alles zurückgebracht werden auf die Baustelle am Schwimmbad – und noch ein bisschen mehr! Selbstverständlich wurde der Vorfall dort ausgenutzt, um ein bisschen mehr auf die Verlustliste zu setzen, als tatsächlich weggekommen ist – das war dann buchfreies Material, welches man ja seinerseits zuhause an der heimischen Baustelle ver-

wenden konnte... der Saarländer werkelt doch so gerne.

Den Leser wird es sicher sehr verwundern: von den 5.000 DM habe ich bis heute nichts mehr gesehen. Mein Bekannter hielt sich stets weit weg von mir.

Vorerst hatte ich ja noch sein Pferd als Pfand. Da ich aber beruflich tätig war, war dieses eines Tages verschwunden! Inklusive „Zubehör" wie Decken, Sättel, Zaumzeug, Führstricke... alles in meinem Besitz, das Pferd meines Bekannten kam „nackt" an. Selbst Futter und Heu für die inzwischen neu erstellten Boxen zahlte ich alleine.

In mir stieg der Blutdruck. Ich ließ alle Beziehungen spielen und erfuhr, dass er den Gaul verkauft hat, besuchte die Käufer und fand dort mein Zubehör.

Dort war der Pferdekauf in zwei Tranchen und Raten ausgemacht worden: einmal das Pferd, das Geld war bereits geflossen, zum zweiten der ganze Zubehör mit Sätteln und Zaumzeugs, dazu Kraftfutter für die ersten Wochen und Heu für die Boxen. Das würde morgen dann noch geliefert!

Ich glaubte, nicht richtig zu hören!

Der hatte also tatsächlich *meinen* gesamten Stallinhalt verkauft! Wollte nochmal wieder kommen und mir mein Futter und Heu stehlen!!!

Gegen den Verkauf seines Pferdes konnte ich natürlich nicht mehr viel machen... aber mein Zubehör packte ich ein und erinnerte, dass das Futter wohl eher nicht geliefert wird und sie sich besser selbst darum kümmern sollten. Meinem Bekannten ließ ich ausrichten, er solle mein Grundstück nicht mehr betreten, ansonsten bekäme ich eine zweite Eintragung in mein polizeiliches Führungszeugnis, diesmal aber eine größere!!!
Das wirkte und ich habe den Bekannten bis heute nie wieder gesehen.

    Ich hatte meine Karte wieder gezogen.

Pferde hatte ich noch eine ganze Weile und sie bereiteten mir große Freude. Aus dem Trakhener Wallach wurden allerdings zwei ruhigere Reitpferde. Als Hobbypferd war er zu nervös und anspruchsvoll zu reiten. Die Entscheidung fiel, als er beim Hufschmied mit mir auf dem Rücken mit den Vorderläufen in ein Fenster ritt.
Einer unserer Verwandten auf dem Land hat ihn dann eingetauscht. Unter anderem gegen mein Lieblingspferd Dunja.

    Dunja hatte eine seltsame Eigenschaft: auf den Landwegen ritt sie sich einfach und problemlos, aber sobald wir in eine Ortschaft kamen, genau am

Ortsschild, wurde sie nervös, blähte die Nüstern, bockte und machte einen 2-Meter-Satz auf die Seite.
Mochte sie keine Ortschaften? Lange rätselten wir... sie wurde in Ungarn auf dem Land geboren und kam als erwachsenes Pferd nach Deutschland. Was aber wenig erklärte... in Ungarn gibt es ja auch Ortseingänge...?

Irgendwann merkten wir – es liegt nicht am Ort, sondern am Schild! Vor gelben Schildern wich sie angstvoll aus.

Und Versuche mit Handtüchern und anderen Gegenständen zeigten: es war auch nicht das Schild: Dunja scheute vor allem, was gelb war!

Tierärzte und Pferdeflüsterer konnten uns wenig dazu sagen. Irgendetwas sei ihr wohl widerfahren, das sie mit Gelb verknüpft hat, beziehungsweise etwas Gelbes hatte ihr etwas angetan.

Wir konnten es in ihrem Kopf nur entknüpfen, indem wir sie langsam daran gewöhnten, dass sie vor der Farbe keine Angst mehr zu haben braucht.

Dazu haben wir die gelben Säcke unseres Kunstdüngers auf der Koppel aufgehängt und sie erstmal damit alleine gelassen, dann tageweise immer näher herangeführt, bis sie Wochen später ganz nahe heran konnte und sie auch vor Ortsschildern keine Angst mehr hatte.

Man kann auch ohne Kenntnis der Ursache heilen!

In dieser Zeit gab es auch einen Vorfall am Haus - im wahrsten Sinne des Wortes!
Genau nach einer Renovierung senkte sich das Haus um 7 Zentimeter! Leider nur die vordere Hälfte! Das heißt, es ging ein Riss von 7 Zentimeter quer durch alle Stockwerke. Grubensenkungen sind die Ursache, ein im Saarland und dem Ruhrpott bekanntes Problem. Die Schäden treten plötzlich und erdbebenartig auf. Eigentlich bezahlen dies die Gruben auch – *eigentlich*. Natürlich gibt es auch dort jemanden, der Zahlungen betriebswirtschaftlich günstig niedrig hält. Zuerst hieß es, dass es Mangel am Bau war, in diesem Gebiet gäbe es gar keine Grube. „Aha," sagte ich, „und der Graben im Garten war auch Zufall? Und dass der Nachbar ausquartiert werden musste, weil dort die Decke durchgefallen ist?" Bei diesem Gespräch wurde ich sehr wütend. „Was wollen Sie mir hier erzählen? Ich bin Bauhandwerker! Ich bin kein Apotheker!"
Die Streitigkeiten mit der Bergwerkgesellschaft gingen vier Jahre lang... inzwischen war alles von mir repariert, auf eigene Kosten. Dann lernte ich den Nachbarn mit dem großen Schaden kennen, und mit

ihm seinen Anwalt, der nichts bearbeitet außer Grubenschäden. Im Saarland reicht diese Spezialisierung aus für einen lebenslangen Job. Jener Anwalt regelte die Zahlung innerhalb 48 Stunden. Er hatte einen Grubenplan und wies nach, dass genau unter unserem Haus ein alter Kohlestreb verläuft.
Manchmal muss man sich im Leben mit den Richtigen verbünden!

Zampillo war - beziehungsweise ist - immer ein lustiger Geselle... er hat einen leichten italienischen Akzent.
Einmal hatte er mir vor meinem Urlaub noch meinen Arbeitslohn zugesagt, so um die 3.000 DM. Überwiesen wurde er allerdings nicht... so fuhr ich dann vor dem Flug mit Familie und Koffern im Auto in aller Herrgotts Frühe zu seinem Privathaus und klingelte Sturm. Verschlafen machte seine Frau auf und ich fragte nach meinem Gehalt. Sie bat mich herein ins Schlafzimmer, er lag noch im Bett und hatte ein Bündel Scheine in der Hand und zählte. Mir ist heute noch unklar, ob er das Geld im Bett gehortet hat oder im Schlafanzug... „Wieviel war es?"
„Dreitausend!"
„Langen nist 2.500?"

„Nein, dreitausend!" Dieses zieren war nicht wirklich ernst gemeint... wir grinsten beide dabei – weil der Kaufmann doch so ungerne Geld aus dem Haus gibt.
Ich dankte und lief die Treppe runter, damit wir zum Flugzeug kamen.
„Klar, was is verspreche halte is!"

Südländische Gelassenheit. *Das* heißt also, das Geld „*vorm* Urlaub erhalten..."
Zampillo war kaufmännisch so gewandt, dass er sich selbst Konkurrenz machte.
Von mir aquirierte Kunden nahm er mit ins Hauptgeschäft und sparte dadurch meine Provision, auf die ich dringend angewiesen war. Nach einer kurzen Unterredung sah er dies ein und ich bekam ein größeres Fixum.

Was auch nicht ausbleiben konnte: eines schönen Tages kam eine sehr elegante Dame in meine Filiale und verliebte sich in das ausgestellte Bad. Sie wollte aber nicht nur die Fliesen, sondern die gesamte Einrichtung, also mit Badewanne, Becken und Wasserhähnen.
Natürlich haben wir in den Ausstellungsräumen wegen dem Gesamteindruck exklusive Armaturen und Becken ausgestellt – obwohl wir eigentlich nur Fliesen verkauften.

Geld spiele keine Rolle, meinte sie, sie will genau *das* Bad, das hier steht!

„Da muss ich erst einmal telefonieren!" sagte ich und rief Zampillo an, wie ich nun verfahren solle. Eine Dame wolle die ganze Ausstellungs-Einrichtung kaufen.

„Wenn sie das saffen Herr Grewenig, spendiere is eine Kiste Champagner!" meinte er lakonisch.

Die Kiste wurde fällig... für 30.000 DM wechselte unser Ausstellungsbad den Besitzer.

Und Zampillo hatte Blut geleckt... aus war's mit der Beschränkung „nur Fliesen vertreiben!"

Von nun an gingen wir auf die großen Messen in Italien, knüpften Verbindungen und verkauften ganze Bäder im italienischen Schick.

Was damals allerdings modern war, blieb es nicht sehr lange...

Der Leser mag sich an die Sünden der 70er erinnern, oder er erinnert sich an deren Beseitigung... im eigenen Haus oder im Mietshaus als Bedingung für einen Einzug:

Moosgrün sollte das Bad sein!

Wenn man hip sein wollte! Und in den Siebzigern wollte jeder hip sein!

„Moosgrün" – mit freundlicher Genehmigung von Fliesenhandel Schittek, Hamburg, Fliesenmuseum

Irgendjemand warb mit dem Spruch: „Jetzt noch eine Dose Tannenspray und Sie kommen sich vor, als hätten Sie Ihr Bad im Wald!"

Ich erinnere mich, wie wir Lastwagen- und waggonweise moosgrüne Bäder aus Italien anliefern ließen. Im Saarland waren sie vergriffen, wir mit unseren Verbindungen konnten als Einzige noch liefern. Selbst die größte Konkurrenz kaufte bei uns.
Danach kam die Farbe ockergelb beziehungsweise „curry". Und Mischbatterien.

Diese Bäder sind heute noch in Gebrauch und ansehnlich. Die Moosgrünen sind wegen ihrer Seltenheit wieder bei Sammlern beliebt und feiern ihre Wiederauferstehung bei einem großen internet-Auktionshaus...

Klingt wie eine Stellung, die man gerne bis zur Rente innegehabt hätte. Die großen Messen in Italien, die Ausstellungen in Deutschland, auf der Saarmesse... es war eine schöne und auch kundenintensive Zeit... wie schon erwähnt haben alle Hausbesitzer gerne ein schönes Bad und modernisieren auch regelmäßig. Meist ist ja das Bad *der* Raum, den man bei einem Hausrundgang am stolzesten präsentiert. Ein Wohnzimmer ist eher eine Sache von Möbeln und Ausstattung, ein Bad hingegen eine Sache echter Handwerkskunst, da kann der Hausherr selbst wenig ändern.

Daher sind Besprechungen mit dem Kunden nahezu leidenschaftlich, und wenn sich jemand aus tiefstem Herzen über sein schönes, neues Bad freut, springt das natürlich direkt zu mir über...

Das entschädigte auch für anstrengende Zeiten. Auf Messen musste in Rekordzeit gearbeitet werden. Die Ausstellungsbäder wurden wirklich gefliest, es waren keine Attrappen oder vorgefertigte Kulissen. Die Atmosphäre ist prickelnd, nach dem hetzigen, gerade fertig gewordenen Aufbau ist Durchstehvermögen angesagt, Kunden müssen freundlich beraten werden; wir lebten von Schnittchen, die der Hund nicht nehmen würde (ich würde sie ihm auch nicht zumuten), aber das musste genügen. Es gibt zu wenig Schlaf, aber das ist genauso unwichtig wie regelmäßiges Essen.

Dann der Abbau – der Wagen wird vom Messepersonal aufgehalten, dann doch kurz zum Aufladen auf das Gelände gelassen, dahinter steht schon der nächste und will mit dem Heck an der Laderampe einladen... und abends „zuhause" im Büro noch Besprechung, wie erfolgreich die Messe war.

Doch das vorherrschende Gefühl war meist: Stolz!

Aber Zampillo wäre nicht Zampillo, wenn er nicht seine Eigenarten hätte: von heute auf morgen betrat er seinen Laden nicht mehr. Das Bäder- und Fliesengeschäft war ihm langweilig geworden! Die Lustlosigkeit hatte ihn beschlichen, und die mochte er nicht.

Eine neue, große Liebe hat sich in sein Leben geschlichen:

Der Computer!!!

Es war 1985. Der Commodore 64 war seit 3 Jahren auf dem Markt. Dieter Bohlen und Thomas Anders sprachen modern „You ´re my heart, you ´re my soul" und Michael Gorbatschow wird Generalsekretär der KPdSU. Russland und Gorbatschow sollten später noch eine größere Rolle in meinem Leben spielen...

Aber das war mir jetzt noch nicht bekannt.

Jetzt musste ich erst einmal verdauen, dass mein Partner und Arbeitgeber die Branche wechselte: er wollte unbedingt ins Computer-Geschäft einsteigen. Irgendwie ahnte er wohl eine Zukunft für diese exotischen Geräte, von denen Mitte der 80er Jahre niemand genau wusste, wofür man sie eigentlich gebrauchen konnte. Zumindest nicht im Privathaushalt! Zampillo hatte schnell einen gutgehenden Laden, schulte sich und schulte mich – er wollte mich mitnehmen auf seinem neuen Weg – aber es war so überhaupt nicht meine Welt.
Wir waren auch gemeinsam auf der CeBIT (Centrum für Büro- und Informationstechnik) in Hannover, aber auch die konnte mich nicht begeistern. Tatsächlich stehe ich bis heute auf Kriegsfuß mit Computern und internet.

Der Fliesenmarkt lief noch kurze Zeit auf Zampillos Frau, wurde aber dann geschlossen. Zampillo war auch im Computer-business so gut, dass er bald eine ganze Kette von Läden namens „Shop 64" hatte.
Ich dagegen... zog wieder meine Spielkarte.

1987 hatte ich, jetzt 45jährig, wieder eine eigene Firma namens Hildegard Grewenig.
Vorher machte ich einen Ausflug in die Grundstücks-Makelei. Bei diesen Geschäften wird immer ein erfahrener Bauhandwerker benötigt, der eine Vorab-Kalkulation durchführt: was kostet das Grundstück, was kostet der Bau des Gebäudes, wieviel Mietertrag kann man erzielen, ist das Geschäft lohnend?

Welche Baumaschinen werden benötigt, welche Kosten verursachen diese?
Solche Kalkulationen werden dann an Grundstücks-Interessenten vermittelt, und die Vermittler bekommen eine Provision.
Bauhandwerker sind deswegen zugegen, weil Banker und Kaufleute nicht vom Fach sind und Ingenieure in der Anfangsphase zu teuer.
Diese unklare und unsichere Tätigkeit zog mich nach Mannheim und Umgebung.

Dort ergab es sich, dass mir empfohlen wurde, für einen großen Chemiekonzern nebenan in

Ludwigshafen zu arbeiten. Die beschäftigen und suchen immer Fliesenleger.

Gesagt – getan. Ich wurde tatsächlich vermittelt und begann dort mit einem Trupp von 8 Legern zu arbeiten.
Es wäre Arbeit bis zum Rentenalter gewesen...
Wäre...

Ein Job bis zur Rente

Der Chemiekonzern benötigt wegen seiner vielen Labore dauernd Fliesenleger. Labore sind meist komplett gekachelt, Wände, Decken, Böden. Hier kommt es weniger auf das Aussehen an, als auf technische Eigenschaften wie Härte, Säurebeständigkeit, Dichtigkeit, Abweisung verschiedener Chemikalien.
Und ist ein Produkt-Projekt zu Ende, wird möglicherweise das Labor abgerissen und eine neues aufgebaut, um Verunreinigungen beim neuen Projekt zu verhindern.
Für mich ging es hauptsächlich um Terrazzo-Sonderplatten, die ich mit meinem Trupp auf Böden verlegte.

Der Leser wird sich nun fragen: „Was sind Terrazzo-Platten?" Diese werden Sie zuhause wahrscheinlich nicht finden – aber achten Sie einmal beim nächsten Einkauf im Supermarkt, auf welchem Boden sie laufen!
Das sind Terrazzo-Platten!

Sowohl im Supermarkt wie bei Chemiekonzernen gibt es hier bestimmte Vorschriften, wie sie zu reinigen sind, damit die Fugen nicht zu Bakterien-Nestern werden und ausgelaufene Flüssigkeiten keine Flecken hinterlassen. In der Regel finden Sie in Supermärkten saubere Böden, obwohl sie sicher einiges aushalten müssen… Sicher kennen Sie vom Super-

markt her auch die Reinigungsgeräte – hinter denen man so schnell ausrutscht, je nach Schuhwerk…
Dann hat der Fliesenleger gut gearbeitet, die Fläche ist glatt, eben und leicht zu reinigen!

Terrazzo ist Massenware, ganz im Gegensatz zu Ihren Fliesen im Bad oder Wohnzimmer. Terrazzo-Platten werden künstlich hergestellt, ihre Größe kann je nach Nutzung ganz unterschiedlich ausfallen. Sie werden gepresst, meist mit farbigen Zusatzstoffen, und dann in Mörtel verlegt. Die im Supermarkt werden Sie meist in grau-weiß sehen, im Labor können sie auch mal hell oder rot sein.

An besonders arbeitsreiche Tage erinnere ich mich in der Werks-Kantine. Sie war riesengroß, und leider wurde der Mörtel komplett ausgegossen und wir schafften es nicht, alle Platten zu verlegen, bevor er hart wurde. Dies bewirkte, dass die Fugen nicht glatt wurden wie bei flüssigem Mörtel, sondern zackig. Zudem haben sich die Platten nicht auf dem gleichen Niveau einarbeiten lassen, so dass sich sogenannte „Überzähne" bildeten.
Dies wurde mir vom Bauleiter nicht abgenommen – dann bilden sich eben Nester in Kanten, die von Reinigungsmaschinen nicht erwischt werden – was in einer Kantine natürlich nicht erwünscht ist.

Ein ´Rausreißen des Ganzen hätte einen sehr hohen Zeitverlust bedeutet – so nahm ich dann eher in Kauf, den Boden komplett eben abzuschleifen. Ich schliff 300 Quadratmeter und 30 Stunden am Stück. An einem Donnerstag auf Freitag.
Und wollte dann heimfahren, drohte aber, bereits nach einer halben Stunde einzuschlafen und musste in Wattenheim von der Straße, nahm mir in der nächsten Pension ein Zimmer und schlief bis Sonntag abend durch!
Und konnte gleich wieder in die neue Woche starten… die Familie in Heusweiler hat´s weniger gefreut…

Prinzipiell verbinde ich sehr positive Gefühle mit der Zeit in dem Unternehmen. Die Leistungsfähigkeit und Performance des weltweit größten Chemie-Konzerns war für mich sehr imposant: ich konnte mich ganz auf meine Arbeit konzentrieren! Normalerweise bin ich es, der sich auch um die Peripherie kümmern muss.
Als ich zur Anfangszeit dort irgendwo Leitern zusammensuchte und Kisten stapelte fragte mich ein Vorgesetzter, was ich da mache.
„Ich muss an einer erhöhten Stelle etwas arbeiten…" antwortete ich.

„Das machen *wir*! Sagen Sie uns nur wann, wo, und wir stellen ein Gerüst auf!"
Und das wurde auch tatsächlich immer erledigt. Genauso wie Speis-Anforderungen oder Fugenmasse – ich musste nur angeben, was gewünscht war, und alles stand bereit.
Ein sehr angenehmes Arbeiten.
Bis...
Ich erwähnte schon den Alkoholkonsum der Fliesenleger in meiner Lehr-Firma... „Kampftrinker" war der Ausdruck.

Nachdem sich hier in dem Unternehmen alles eingespielt und eingeregelt hatte, dachte ich daran, zum Pfingst-Wochenende einmal meinen Trupp von 8 Mann alleine arbeiten zu lassen, während ich liebe Bekannte im bayerischen Allgäu besuchen gehe, mit Frau, Tochter und Sohn.
Als ob ich es geahnt hätte, instruierte ich Donnerstags den Vernünftigsten, auf alles zu achten und dass sie mir ja keine Schande machen!
Aber es war ja nur ein einziger Freitag meiner Abwesenheit, Dienstag komme ich ja wieder, da kann nicht viel schief gehen...

Das lange Wochenende war sehr schön. Die Bekannten freuten sich, wir kannten sie noch aus

dem Krieg, Teile der Familie wurden wegen der Bombenangriffe auf Saarbrücken hierhin evakuiert.
Wir waren lange nicht mehr dort...
Das letzte Mal noch mit meinen Eltern in den 60ern...
Wir fanden das Haus nicht gleich, natürlich hatte sich vieles verändert. Als wir uns auf der Straße laut unterhielten, welches jetzt das richtige Haus sein könnte, hörten wir aus einem offenen Fenster eine Stimme: „Ach Gott, die Grewenigs sind da!"
Sehr berührend... sie hatte uns nach der langen Zeit an den Stimmen erkannt!

    Am Dienstag kam ich zurück zu meinem Chemiekonzern.
Und wurde sofort vom Pförtner auf den Nebenstreifen gewunken, die Schranke wurde für mich nicht geöffnet.
Ich sah sie schon winken, meine goldene Arschkarte...

Der Pförtner erzählte: am Donnerstag bin ich ja weggefahren, am Freitagmorgen wollten meine Jungs stockbesoffen durch die Pforte – kaum noch gehfähig! Man muss wissen, dass auf dem gesamten Gelände des Unternehmens Alkoholverbot herrscht. Striktes! Was beim Hantieren mit Chemikalien und

der damit verbunden Verantwortung - auch für die Umgebung - mehr als verständlich ist.
Der Pförtner wollte das Ganze noch vertuschen und bot an, sie sollen sich ausnüchtern und am Sonntag nacharbeiten, was sie aber ablehnten. Da sie unbedingt auf das Gelände wollten, war es dann ein Fall für die Werkspolizei. Es gab eine Zelle, eine Blutprobe und lebenslanges Werksverbot.

Mir riet man Ähnliches...

Ich konnte Firma und Bautrupp schließen, habe alle fristlos entlassen müssen. Sie erzählten, dass sie anfingen zu feiern, als ich noch die Türklinke von außen in der Hand hatte und durchgemacht haben bis Freitagsmorgens vor´m Pförtnerhaus.

Ist doch immer wieder schön, wenn man sich auf andere verlassen kann!

Ein Flugzeug und zwei Erfinder

1988. Ein buntes Jahr.
Die einen lachten bei „Ein Fisch namens Wanda", die anderen weinten mit „Rain Man". Nebenan in Frankreich sang France Gall „Ella, elle l'a".

Die drei folgenden Kapitel spielten sich in etwa parallel ab.

Im Saarland traf ich jemanden mit einer tollen Idee: aus Abfall Geld machen! Für den Rohstoff-Einkauf noch bezahlt werden! Ein revolutionärer Wirtschaftskreislauf!
Es ging um einen Stoff, den er „Kunstholz" oder „Holzersatz" nannte. Diesen stellte er aus alten, geschredderten Kunststoffresten her und: Lackschlamm! Lackschlamm ist ein problematischer Rückstand, der beim Lackieren von Autos anfällt. Sondermüll, dessen Entsorgung die Lackbranche viel Geld kostet. Er bekam für eine Tonne Abnahme 780 DM. Diesen Schlamm presste er mit dem zerschredderten Plastikmüll in einem Extruder zu einem neuen Werkstoff. Ein Extruder ist in etwa ein Ofen, in welchem unter hohem Druck und Hitze Materialien miteinander verschmolzen werden.
Der neue Kunststoff war plastikähnlich, fest, unverrottbar, oberflächenglatt – und bedurfte keiner Zugabe von Öl!
Er wäre geeignet gewesen für Kabel-Isolierungen, hätte Stahlverstärkungen ersetzen können, die in der Witterung verrosten, zum Beispiel Armierungen in Hafenbecken; oder auch als Euro-Paletten für die

Nahrungsmittel-Industrie. In einer Schlachterei dürfen Paletten aus hygienischen Gründen nicht aus dem üblichen Holz bestehen.

Die Idee war da – das Geld zur Vermarktung nicht.

Ich gab es ihm... 100.000 DM.

Danach war ich anderweitig beschäftigt... und fand nach Monaten keine Fortschritte vor. Er habe kein Geld, sagte er. Ich fragte nach den 100.000. Er antwortete mir wörtlich „Die habe ich verbraten!"

Sie gingen für neue Ideen und Versuche drauf... Tüftler und Erfinder sind keine Kaufleute...

Rechtliche Schritte sah ich als sinnlos an. Zwar war alles offiziell, es existierten Verträge und Unterlagen – aber er war chronisch pleite, ich hätte nie Geld gesehen...

Ein anderer Tüftler hatte eine ähnliche Idee: er formte Verpackungs-Chips aus Stärke-Abfällen. Die hatte er von einer ortsansässigen Pommes-Frites-Fabrik.

Wer schon einmal in einer Großküche gearbeitet hat weiß, dass es dort Maschinen gibt, die die Kartoffeln schälen. Dabei und bei der weiteren Verarbeitung entstehen Stärke-Reste – und ab einer bestimmten Küchengröße dürfen diese nicht einfach ins Abwasser gelangen, da sie mit der Zeit die Rohre zu verstopfen drohen. Im heißen Zustand sind sie flüssig, kalt erstarren sie aber nach und nach. Sie müssen gesammelt und speziell entsorgt werden. Auch hier fielen rund 700 DM Entsorgungskosten an. Und diesen Rohstoff wollte unser Tüftler nicht ungenutzt lassen.

Aus Stärke konnte er alles Mögliche pressen. Er begann mit Verpackungs-Chips! Jeder von uns kennt es: er bekommt ein Paket mit zerbrechlichem Inhalt, dazu einen Sack voll voluminösen Styropor von dem niemand weiß, wie man es eigentlich entsorgt.

Das Produkt des Tüftlers dürfte heute in die Biotonne! Oder auf den Komposthaufen! Wo es unter Regen komplett zergehen würde.

Theoretisch könnte man die Verpackungs-Chips in die Badewanne legen und die Brause darüber halten, und sie würden sich auflösen. Theoretisch – denn wir wissen ja, dass das nicht erlaubt ist!

Auch dieses Projekt hielt ich für hoch unterstützungswürdig!

Einen Marketing-Höhepunkt hatten wir bei einem Auftritt in der *Knoff-Hoff-Show* beim ZDF: der Erfinder hatte eine Schachtel Pralinen dabei, und hielt sie ins Publikum, es möchte kräftig zulangen. Das Publikum dachte an einen Pralinentest und tat dies auch. Der Erfinder ging zurück, murmelte etwas wie „So, nun sind alle Pralinen weg, was bleibt mir denn jetzt?

Nur noch die Verpackung...." und biss vor dem staunenden Publikum in die Schachtel.

Reine Stärke ist natürlich nicht nur umweltfreundlich, sondern auch essbar.

Übrigens sind auch Oblaten zu einem Großteil aus Stärke hergestellt.

An Rohstoff hätte es nie gemangelt – es gab in Deutschland viel Kartoffeln verarbeitende Industrie, Pommes Frites, Kartoffel-Chips, Fertig-Gerichte... und alle haben Tonnen an Stärke abzuführen.

Ich wollte gleich große Brötchen backen und verhandelte mit einem der damals größten Versandhandel Deutschlands. Als Verpackungs-Material. Und mit einer Schnell-Restaurantkette amerikanischen Typs... welche damals noch jeden einzelnen servierten Burger in eine Styroporschachtel steckte... und dafür reichlich Kritik von Umweltschützern erntete.

Ich erhielt von beiden Absichtserklärungen mit hohem Gewinn.

Aber letztendlich stellte sich heraus, dass die Zulieferer der beiden Riesen eigene Tochterfirmen waren, so dass dann eine Neben-Umsatzquelle versiegt wäre, was die oberste Firmenleitung natürlich nicht zugelassen hätte.

Wir hatten keine Möglichkeit, dort einzusteigen.

Wer fragt schon nach der Umwelt, wenn es um Geld geht?

Ein drittes Projekt führte mich in den Nordosten Baden-Württembergs. Ich arbeitete dort in einer Halle, verlegte Fliesen.

Ich kam mit dem Nachbarn in Verbindung. Er hatte etwas Interessantes: auch er hatte eine alte Lagerhalle gemietet, war Ingenieur, und tüftelte dort an Flugzeugen!

Von Berufs wegen stellte er Modellflugzeuge her.

Wer den Film „Der Flug des Phönix" gesehen hat, sei es den ersten von 1965 mit James Steward und Hardy Krüger, oder das Remake von 2004 mit Dennis Quaid, weiß, dass Modellflugzeuge denselben physischen und aerodynamischen Gesetzen unterliegen wie ´richtige´ Flugzeuge. Flugzeugkonstrukteur ist Flugzeugkonstrukteur, im Kleinen wie im Großen.

Und so hatte auch der Ingenieur in langem Zeitaufwand ein Ein-Mann-Mini-Flugzeug aus Verbundwerkstoffen entwickelt, das da in der Halle vor uns stand.

Es war ein Nur-Flügel-Flugzeug, hatte keinen Schwanz, und erzeugte Auftrieb mit seiner gesamten Oberfläche. Das Cockpit war aufgesetzt, in etwa wie das Horten-H-Projekt von 1944, allerdings mit Seitenflosse.

Heute würde man das Projekt als *Ultra-light* bezeichnen. Es hatte einen 70 bis 80 PS-Motor mit

Front-Propeller, ein nicht-einziehbares Fahrwerk, und der Pilot lag in der Kanzel, etwa wie in der Henschel Hs 132 oder der DFS 228 zum Ende des Zweiten Weltkrieges. Wer der Luftfahrt-Einzelheiten unkundig ist sollte nur wissen: ein Mini-Flugzeug mit liegendem Piloten ist nicht so exotisch, wie es klingt!

Die Besonderheit, und womit wir die Verwendungsmöglichkeit sahen und worauf wir das Marketing aufbauten war: die Tragflächen konnten einfach hochgeklappt werden, ähnlich wie bei Flugzeugträger-Flugzeugen.

Dann passte es in einen Trailer, in einen Anhänger, so, wie es bei Segelflugzeugen praktiziert wird, allerdings war der Anhänger – den der Ingenieur auch gebaut hatte – nur rund 4 Meter lang.

Die Maschine hatte hervoragende Kurz-Start und Kurz-Lande-Eigenschaften, konnte von jeder Straße aus eingesetzt werden.

Aus diesem Grund sahen wir die Verwendung in erster Linie im militärisch-grenzschutzsichernden Bereich, vielleicht auch bei Polizei und Drogenfahndung. Jedes Fahrzeug mit Hängerkupplung konnte das Gespann mitführen und bei Bedarf könnte sofort eine Luftaufklärung gestartet werden.

Heute werden Polizei, Grenzschutztruppen und Militär mit Kamera-Drohnen ausgestattet, die genau dies ermöglichen, einen schnellen Blick von oben über die Lage. Von daher lagen wir 1988 mit unserer Einschätzung nicht ganz unrichtig...

Mit einem geschätzten Preis von nur 5 – 6.000 DM pro Stück bei Massenfertigung wären sicher auch Sport-Piloten an dem Flugzeug interessiert gewesen.

Wie auch immer – sie stand ungetestet und ohne Zulassung vom Luftfahrtbundesamt in einer alten Halle im Schwäbischen!
Der Konstrukteur besaß keinen Flugschein – was bei Flugzeug-Ingenieuren übrigens kein Muss oder Soll ist...

Die Stagnation rief förmlich nach mir: „Löse den Stillstand auf! Hier ist eine gute Idee, die in die Welt muss!"

Unkompliziert und keine Standard-Anbahnungswege auf Briefpapier einhaltend rief ich beim damaligen Luftfahrt-Konzern MBB (Messerschmitt-Bölkow-Blohm) an, gleich bei der Forschungsabteilung, Testpiloten. Und erzählte denen, dass ich etwas Interessantes für sie habe... Testpiloten sind Piloten aus Leidenschaft – es dauerte nicht lange, bis sie Interesse hatten.

Wir trafen uns das erste Mal auf halber Strecke, auf der Autobahn. Erste Testflüge sollten in ihrem Urlaub stattfinden. Ich betonte, dass wir vorerst keine Rechnungen benötigten...

Es war im tiefgrauen Grenzbereich... aber irgendwo fangen ja alle neuen Flugzeuge so an, auch Eigen-Konstruktionen, die entsprechende Einzel-Zulassungen bekommen. Bei umgebauten Oldtimern ist dies auch die Regel.

Wir zogen also den Trailer mit der Maschine zu einem Sport-Flugplatz, brachten die Testpiloten von MBB in einem Hotel unter (meine Kosten), und starteten eine Versuchsreihe mit offizieller Mitschrift zur späteren Zulassung.

Technische Zeichnungen und Berechnungen hatte der Ingenieur schon beim Bau angefertigt.

Üblicherweise beginnt eine Testflugreihe mit Rollversuchen – kleinen Luftsprüngen – Sekundenflügen – bis man Vertrauen gefasst hat, dass die Maschine flugfähig und steuerbar ist.

Das war sie. Die beiden Piloten wechselten sich ab, hatten auch ein einfaches Funkgerät mitgebracht und einer flog, der andere notierte Testergebnisse wie „Maschine zieht nach links, Querruder ist zu schwergängig, Brustkissen drückt!" in eine Kladde. Dies geschah in rund 3 oder 4 Tagen. Der Ingenieur konnte die meisten Beanstandungen taggleich beheben.

Die Tests endeten mit dem offiziellen Ergebnis: „Flugtauglich!"

Ich schoss Fotos, sammelte die Daten und ging auf Rundreise: zu einem mir bekannten Offizier der Bundeswehr und zum Bundesgrenzschutz.

Sehr schnell bekundete unsere Armee: „Für die Bundeswehr ungeeignet!" Der Bundesgrenzschutz bekundete mäßiges Interesse, verwies aber auf den Verkauf im Ausland, für die Drogenfahndung oder ähnliche spontane Überwachungsaufgaben.

Für eine deutsche Entscheidung müsste sich jedoch erst ein Unterausschuss des Ausschusses für Materialbeschaffung beschäftigen, der in mehreren Monaten tagen würde... und es dem Innenministerium als Vorschlag vorlegen würde, welches dann seinerseits eine Beschlussfassungssitzung einberufen würde.

Indes – für solch lange Wege ging uns einfach das Geld aus. Ich zog mich aus dem Projekt zurück, es zerfloss langsam im Sand der deutschen Bürokratie-Mühlen.

Dies sollte ich in China 1999 ganz anders kennen lernen... aber davon konnte ich 1988 noch nichts ahnen...

Ausgebootet - Wendezeit

Alles schaut nach Osten.

Der Auftakt für meine ausländischen Abenteuer beginnt, vorerst im anderen Deutschland.

Es ist Wendezeit. 1989.
Gehen die Grenzen auf? Und wann?
Investoren und Industrie im Westen scharren praktisch an den Schlagbäumen mit den Hufen! Es wäre ja so viel aufzubauen „drüben." Waren, Gebäude, Telefonnetze und Supermärkte, Supermärkte, Supermärkte! Und am besten gleich neben jeden Supermarkt einen Baumarkt!

Die Öffnung der Grenzen ging ziemlich schnell und unkompliziert, und wer am Schnellsten rüber rennen konnte, mahlte zuerst an der großen Tafel...

Ich war dabei: Supermärkte sollten es in meinem Fall sein. Terrazzo-Platten en masse!

Auf einer Baustelle lernte ich einen gewitzten Griechen kennen. Ich hatte wieder einen Bautrupp mit Vorarbeiter und zwei Arbeits-

kolonnen, solche Sprünge sind „am Bau" nicht ungewöhnlich, so es ein Überangebot an Arbeit gibt.
Jener Grieche flüsterte mir eines Tages ins Ohr, er kenne eine Firma in der CSSR, welche Terrazzo-Platten herstellt, die genauso aussehen und die gleichen Eigenschaften haben wie die vom deutschen Marktführer. Wenn die nur ein deutsches Zertifikat hätten, könne man sie hier viel kostengünstiger verlegen!
Das war ja wieder mal was für mich! Abenteuer, Aussicht auf Erfolg, und da ich keine Berührungsängste kenne, setzte ich mich in meinen Wagen und fuhr zu dieser Fabrik, ins heutige Tschechien, damals noch rund ein Jahr ´CSSR´.
Dort bekam ich Muster gezeigt, die mich beeindruckten. Ein deutsches Zertifikat sollte kein Problem sein.
Wir machten schnell Nägel mit Köpfen und einen Vorvertrag für eine monatliche Abnahme von 4.000 Quadratmetern!

Wieder zuhause fiel allerdings die Platte beim Prüfungsamt glatt durch!
Grund war, dass die Fabrik den Sand als Rohstoff draußen lagerte.
Ich kam mit der Fabrik überein, dass dafür Hallen gebaut wurden, und die Produktion lief wieder an.
Erneut ging es zur Prüfung und diesmal wurde die Fliese zertifiziert.

Ich machte einen Vertrag mit dem deutschen Materialprüfungsamt, welches bei allen Neuproduktionen für 5 DM pro Quadratmeter erneut prüfte – alles aus meiner Tasche vorfinanziert für den BIG DEAL.
Immerhin war es damit soweit, dass ein Rechtsanwalt einen Vertrag aufsetzen konnte mit dem CSSR-Werk. Ich bekam Gebietsschutz und war somit in Deutschland alleiniger Ansprechpartner für Terrazzo-Platten aus der CSSR! Und war konkurrenzlos kostengünstig für alle Projekte in Ost und West!

Noch ein paar Jahre Arbeiten im Büro und dann nur noch *dolce vita* im Süden? Mein Traum währte nur kurz...
Auf der eigenen Baustelle sah ich LKW mit CSSR-Platten, die nicht in meinen Papieren standen.
Wo kamen die her??
Wie ich bin, verfolgte ich einen zurückfahrenden LKW – von Eisenach bis zum Werk in der CSSR. Dort wurde er wieder beladen, der Fahrer zahlte in bar und fuhr wieder zurück nach Ostdeutschland!!!
Ich stürmte mit meinem Gebietsschutz-Vertrag das Büro, aber die Tschechen sahen diesen nicht so eng...
Deutsche in Deutschland müssten halt über mich bestellen, aber was hier in der CSSR vor dem Tor

steht und bar bezahlt, wird auch abgefertigt, egal, in welches Land der LKW dann fährt.

Faktisch war mein Gebietsschutz damit ausgehebelt.

Fassungslos fuhr ich nach Hause...

Wieder mal die Arschkarte!!!

Auch mein Rechtsanwalt machte mir keine Hoffnungen, in dieser instabilen Zeit des Zerfalls und des Neuaufbaus eine erfolgreiche Klage über Ländergrenzen hinweg zu führen...

Ausgebootet wurde ich vom eigenen Bauträger, der ja nicht verpflichtet ist, die Rohstoffe von seinem Subunternehmen zu kaufen. Aber meine Grundidee hat er gerne übernommen...

Neben allen Vorkosten für das Materialprüfungsamt hatte ich dabei noch in wenigen Monaten meinen neuen Mercedes 500 SEL wegen den schlechten Ost-Straßen zuschande gefahren... was kein Garantiefall ist!

Dies genügte allerdings noch nicht, um meine Firma „GBC –Grewenig Bau Consulting" vom großen Kuchen DDR zu vertreiben... dazu benötigte es noch eines weiteren Kapitels.

Wie allgemein bekannt, wurde (ähnlich wie Griechenland heute, 2015) die DDR über die sogenannte „Treuhand" abgewickelt, eine Kommission, in welche die Regierung Kohl die fähigsten und ehrlichsten Top-Manager der Bundesrepublik setzte.

Da wir ja keine Namen nennen dürfen, wird dieses Kapitel etwas abstrakt dargestellt, da noch heute fast alle Beteiligten öffentlich in Presse und Fernsehen aus ihren Business-Anzügen strahlen...

In diesem Umfeld ist das Kapitel zu verstehen.

Grundstückseigentümer A hat ein großes Grundstück in der DDR. Es ist verpachtet an Pächter B, aber der Pachtvertrag läuft aus, es besteht aber sowohl Kaufoption, also Pächter B könnte das Grundstück kaufen, oder es könnte prinzipiell an einen anderen C verkauft werden.

Um Geld zu sparen, macht man so etwas aber nicht direkt, denn wenn Eigentümer A weiß, dass der Käufer C Geld hat und scharf darauf ist, wird das Grundstück gleich einmal doppelt so teuer.

So sucht man also einen unbekannten Strohmann D, der es mit mäßigem Interesse halt kauft... für Käufer C.

So viel wollte ich aber gar nicht wissen von der ganzen Sache... für mich war nur wichtig Grundstückseigentümer A verkauft an Strohmann D.

Strohmann D ist nämlich ein Saarländer, der jemanden vom Fach braucht und der ohne Berührungsängste ist... und mich dafür haben will! Für mich gäbe es 450.000 DM Provision für das Einfädeln und vor allem für die Nutzbarmachung des Geländes.

Ich fuhr also dort hin, sah es mir an, und holte die Genehmigung zur Nutzung ein: ein Warenlager sollte es werden!

Leider hat jemand Strohmann D den Floh ins Ohr gesetzt, mit einem Gefahrengut-Lager könne er das Doppelte von einem Mieter verlangen und beharrte darauf.

Dafür konnte ich aber keine Genehmigung von der Ortsregierung einbringen, und somit war das Geschäft geplatzt. Wie man mir sagte... Weiter bestand der offene Deal, das Grundstück zu vermitteln als normales Warenlager für 200.000 DM Provision.

Ein halbes Jahr später jedoch sah ich, wie auf dem Grundstück munter gebaut wurde, und zwar vom ursprünglichen Pächter B!

Was war geschehen?

Nun, inzwischen war der Stadtrat auf das Grundstück aufmerksam geworden, und ein Sohn, dessen Vater zufällig im Stadtparlament war, hat das Grundstück vom Grundstückseigentümer A gekauft, und zwar wie ursprünglich vorgesehen als normales Warenlager!

Letztendlich wurde das Grundstück also so verkauft, wie ich es als Mittler vorgesehen hatte.

Und was war mit meiner Provision???

DIE hatte der Stadtratssohn an meinen saarländischen Strohmann D gezahlt, in der irrigen Annahme, der würde sie mir schon geben! Hat er natürlich nicht!
Um des Friedens willen und weil man in solchen Geschäften so ungerne vor Gericht steht, in welchem alle Verwicklungen aufgedeckt werden, zahlte mir der Stadtratssohn 100.000 DM, Summen, die bei der Größe des Gesamt-Volumens des Geschäfts wenig ins Gewicht fallen...

Ich hätte mich damit abgefunden... hätte...
Wenn mich mein saarländischer Strohmann für die Annahme der 100.000 DM nicht angezeigt hätte!
Sein Motiv ist mir bis heute ein Rätsel, aber er war so tief in Sümpfe verstrickt und deutschlandweit in mehreren Fahndungen, welche man in den Medien verfolgen konnte; dass ihm diese Aussage wohl irgendetwas gebracht hat, einen Handel mit der Staatsanwaltschaft vielleicht, wenn er andere Ungereimtheiten aussage.

Trotz der Vertragslage, des Provisionsvertrags zur exklusiven Vermittlung des Grundstücks und des falschen Provisionsflusses war der gegangene Weg rechtlich nicht in Ordnung, ich verlor den Prozess und hatte einen Titel über 200.000 DM!

Damit und mit der CSSR-Platten-Story konnte ich alle Konten schließen, mein Auto verkaufen (ein Range Rover – wegen der schlechten Straßen in der DDR!), und meine Firma Grewenig Bau Consulting abschließen!
Das war´s!

Zeit für ein größeres Abenteuer!

Weißer Granit aus Kasachstan

1991.
Vom *Winds Of Change* von den Skorpions hab´ ich genug.
Joyride von Roxette klingt schon besser... Es herrscht der Zweite Golfkrieg, und es gibt noch Jugoslawien, auch wenn Kroatien und Slowenien im Juni austreten. Der Spruch „Jugoslawien ist ein Vielvölkerstaat" aus der Schule bekommt plötzlich Bedeutung, als dort geschossen wird. Den meisten Deutschen sind die Teilstaaten nicht bewusst, „Jugoslawien" ist für sie ein günstiges Urlaubsland im Süden.
Alles ist im Rollen, ich jedoch backe kleine Brötchen, welche mich aber nähren... das mit dem goldenen

Boden unter dem Handwerk hat schon einen wahren Kern...

„Was ist das hier?"
„Nur ein Briefbeschwerer!"
„Und aus was ist der???"
„Aus weißem Granit!"
„Weißer Granit... aus Kanada?"
„Nein, aus Russland. Hat mir mein Bruder mitgebracht. Ist nur ein Geschenk, ein Stück aus einer Probebohrung... warum???"

1991 arbeitete ich im Raum Frankfurt/Wiesbaden mit einem Jugoslawen namens Kilic zusammen. Dieser hat sich auf jugoslawische Lokale spezialisiert, und aus hygienischen Gründen gibt es in Restaurants sehr viele Fliesen zu verlegen. Kilic war dabei sehr erfolgreich, es entstanden ganze Ketten, die Deutschen mochten Cevapcici, Ajvar, Serbische Bohnensuppe und dazu einen schönen Bauernrotwein von der Adria. Ich führte also im Vorfeld die Renovierungen der Gebäude durch, nach der Eröffnung belieferte Kilic die Pächter als Großhändler mit jugoslawischen Spezialitäten und Getränken.

Wir kamen sehr gut miteinander aus, ich führte seine Wünsche zu großer Zufriedenheit aus – und bei irgendeiner Geschäftsbesprechung sah ich den merkwürdigen, zylindrischen Stein auf seinem Schreibtisch. Und sah sofort, dass es sich dabei um etwas Besonderes handelte...

Und ich ließ mir die Geschichte des „Briefbeschwerers" erzählen:

Kilic hat einen guten Bekannten, dem ein Ingenieurbüro in Belgrad gehört. Dieses Büro wurde von der östlichen Weizenbauindustrie innerhalb des RGW (Rat für gegenseitige Wirtschaftshilfe, der wirtschaftliche Zusammenschluss der kommunistischen Staaten zwischen 1949 und 1991) beauftragt, in Kasachstan Probebohrungen auszuführen, da man in diesem Gebiet große Getreidesilos von 50 bis 60 Metern Höhe bauen wollte und die Bodenbeschaffenheit für diese Unternehmung von großer Bedeutung war.

Kasachstan ist die Weizenkammer Russlands. 75 Prozent der Landfläche sind landwirtschaftlich nutzbar. Die unendlichen Weizenfelder auf dem relativ flachen Land von Horizont zu Horizont sind für einen Deutschen ein atemberaubender Anblick. Ich sollte sie bald bestaunen...

Für die großen Getreidesilos benötigt man natürlich festen Untergrund.

Und so schickte man die Truppe aus Belgrad los mit dem Ingenieur, Geologen, Hilfskräften und Gerätschaft.

Die Weizenbauindustrie wurde nicht enttäuscht: in dem vorgesehenen Baugebiet stießen die Bohrer bereits ab 2 Meter Tiefe auf festes Gestein. Um zu sehen, ob es nicht nur eine lokale Steinschicht war, wurden im Umkreis von 50 Kilometern weitere Bohrungen mit demselben Ergebnis durchgeführt. Und um festzustellen, wie dick die Gesteinsschicht war, wurden auch Bohrungen durch den Stein gemacht und festgestellt, dass selbst bei maximaler Bohrtiefe von 120 Metern noch immer derselbe Stein zu finden war.

Bohrkern-Scheibe

Diese Probebohrungen werden mit einem Hohlbohrer durchgeführt, so dass man bei Herausziehen des Bohrers einen Schnitt der vorhandenen Erdschichten sehen konnte. Diesen Schnitt kann der Geologe dann analysieren.

Und er analysierte: hier ist der Bau von Weizensilos möglich!

Nebenbei bestätigte er, dass das Gestein Granit ist; und dass der Granit weiß war, war für den Geologen nur eine technische Randnotiz. Zudem lautete der Auftrag ja auf Bohrung zwecks Bebaubarkeit, nicht zwecks Findung von Bodenschätzen.

So hatte das Ingenieurbüro aus Belgrad eine schöne, abenteuerliche Zeit in Kasachstan, und den Granit aus den Probebohrungen schnitten sie in Stücke und verschenkten ihn als Mitbringsel aus einer völlig anderen Welt an Bekannte.

Und mir, Fliesenleger Horst Grewenig aus Riegelsberg im Saarland, fallen fast die Augen aus dem Schädel!

Weißer Granit in Russland?
Und niemand kümmert sich darum? Die wollen *Getreidesilos* darauf bauen???
Und in meinem Kopf beginnt es wieder zu rattern...

Weißer Granit in dieser Reinheit ist Gold wert! Auf der ganzen Welt gibt es nur ein Abbaugebiet in Kanada, „bethel white" genannt, und dieses Gebiet ist komplett erschlossen, teilweise haben die USA riesige Mengen aufgekauft und bringen sie stückweise auf den Markt.

Zuerst frage ich Kilic, ob ich mir den Briefbeschwerer-Bohrkern ausleihen kann.
Ja, er habe drei Stück davon.
Beim Materialprüfungs-Amt bin ich ja gern gesehener Gast, wir können uns bald duzen...
Das Amt prüft auf Bruchfestigkeit, Druckfestigkeit, Abrieb, Wasseraufnahme und vergibt das Zertifikat: „Weißer Granit bester Güte!"

Mein Enthusiasmus steckt auch Kilic an: wir müssen etwas mit diesen Informationen anfangen! Ob ein Abbau möglich ist???

1991 stand noch viel vom Eisernen Vorhang, eine Kommunikation war schwierig... doch die Menschen hinter dem Vorhang waren es lange gewöhnt und kannten Mittel und Wege...
Kilic kommunizierte über seine Familie in Belgrad mit dem russischen Piloten einer Tupolew, der die Strecke Belgrad-Alma Ata flog. Der Pilot hatte nämlich in Belgrad ein Mädchen gefunden, und im Gegenzug wurde dem Mädchen beim Heiratsvisum geholfen... die behördlichen Dinge liefen offiziell etwas langsam oder gar nicht in den zerfallenden Staaten.
Jedenfalls fragte der Pilot die kasachischen Behörden nach ihrer Haltung zum Abbau des Bodenschatzes.

Diesen war das Vorhandensein des seltenen Rohstoffes seit der Bohrung durchaus bewusst, jedoch fehlte das Geld für den Abbau. Einer Investition, die den Abbau zum gegenseitigen Vorteil möglich macht, stünden sie nicht abgeneigt gegenüber.
Und so trafen wir in Deutschland Vorbereitungen für ein Mammut-Projekt in der russischen Steppe...

Zu dritt flogen wir nach Alma Ata, damals noch Hauptstadt Kasachstans, und damals noch in dieser Schreibweise, heute „Almaty": mein Freund Miklosh, seines Zeichens Steinmetz und Inhaber einer Vertretung für Maschinen der Natursteinbranche, ich und ein Dolmetscher.
Der Dolmetscher war ein Fehlgriff, durch ihn entstanden erste Missverständnisse, da er nicht alles übersetzte... oder meinte, kulturell interpretieren zu müssen...
Dafür war Miklosh ein Meister seines Fachs, wusste alles über Schneiden, Bohren, die Herstellung von Monumenten, Grabsteinen, Tafeln, und die Preise, die mit Naturstein erzielt werden konnten.
Unser erster Besuch diente einer Kalkulation, also die Zusammenstellung aller benötigten Maschinen gegenüber dem Verkaufsgewinn. Und der Gewinnung erster Musterblöcke... was sich sehr schwierig gestaltete... provisorisch mit dem nächsten Baubag-

ger und Geräten des nächsten Steinmetzes. Wir wurden ja von offizieller Stelle erwartet.

Der Transport dauerte dann 3 Monate bis nach Deutschland und kostete enorme Summen.

Hier lag vieles im Argen…

Wir bekamen eine Werksbesichtigung für mögliche Maschinen: davon waren 60 Prozent nicht einsatzfähig, die Blöcke wurden schief gesägt, Ersatzteile für den täglichen Bedarf waren nicht vorhanden… 74 Jahre Kommunismus hatten ihre Spuren hinterlassen… zumal die kasachische Republik für Landwirtschaft vorgesehen war und nicht für industrielle Zwecke.

Also mussten alle Maschinen zum Abbau des weißen Granits aus dem Westen kommen: aus Italien, dem Platten-Mekka! Zu dem wir auch vorzügliche Verbindungen hatten!

Insgesamt kamen wir auf einen finanziellen Gesamtbedarf von 76 Millionen DM an Maschinen, Baggern, Schneidgeräten und Transport-Gefährten.

Für die Vermittlung der Kaufverträge mit den italienischen Firmen hätten wir 10 Prozent Provision bekommen – „wir" heißt: Kilic, das belgrader Ingenieurbüro und ich.

Zu dieser einmaligen Provision hätten wir zudem als laufendes Einkommen ebenfalls 10 Prozent auf alle Maschinen-Ersatz- und Verschleißteile erhalten, also alles, was beim Betrieb abgenutzt wird. Ein einziges Diamant-Sägeblatt zum Beispiel hält im 2-Schicht-Betrieb nur rund 2 Monate lang und muss dann ersetzt werden. Preis damals: 20.000 DM.

Die kasachische Regierung war mit dem Projekt einverstanden, musste aber erst in Moskau nach dem „OK" fragen... erst im Dezember 1991 erklärte Kasachstan seine Unabhängigkeit.

Mit diesen Ergebnissen in der Tasche flogen wir wieder zurück... Flugstrecke Alma Ata – Belgrad – Frankfurt.

Der zweite Besuch in Russland sah etwas anders aus...

Und zwar auf Einladung der russischen Regierung.
Dort lernte ich das zuckersüße Leben von Staatsmännern kennen.
Es war Ende August 1991.
Wir kamen von Frankfurt aus auf dem internationalen Flughafen von Moskau Scheremetjowo an, und wurden von dort zum nationalen Flughafen Domodedowo gebracht.

Heute hat Domodedowo als internationaler Flughafen Scheremetjowo den Rang abgelaufen.
Scheremetjowo liegt nordwestlich Moskaus, Domodedowo im Südosten, das heißt, wir mussten mitten durch Moskau.

Empfangen wurden wir von einem Staatssekretär, und auf die Reise ging es per Panzerlimousine – bei welcher die schwarzen Jalousien teilweise zugezogen blieben: vor wenigen Tagen ereignete sich nämlich der Putsch gegen Gorbatschow, vom 19. bis 21. August versuchte eine Gruppe von reaktionären Kommunisten das Land unter Kontrolle zu bringen, um den Zerfall der UdSSR zu verhindern. Gorbatschow selbst wurde an seinem Urlaubsort auf der Krim festgesetzt.
Wir alle kennen noch die Bilder, als Boris Jelzin, damals Präsident der russischen Republik, auf einem Panzer stehend zu den Soldaten sprach. Das Weiße Haus in Moskau als Regierungssitz wurde beschossen, aber nicht erobert. Zahlreiche militärische Bewegungen, unter anderen mit Panzern, hatten unübersehbare Spuren in der Hauptstadt hinterlassen, und wir sollten als westliche Investoren natürlich nicht den Eindruck bekommen, dass die politische Situation instabil wäre.

Nach dem Weiterflug nach Alma Ata wurden wir dort in eine Unterkunft für Staatsbesuche einquartiert.

Iljuschin Il-86 – unser Flugzeug von Moskau nach Alma Ata

Dort verlor ich meinen Glauben, dass die UdSSR oder Kasachstan eher zu den armen Staaten gehörten.
In meinen 49 Lebensjahren habe ich noch nie solch ein Hotel, solch einen Service, solche Buffets gesehen… JEDER Wunsch wurde gewährt, es floss Champagner in Strömen (so man dies wollte), es wurden Austern geschlürft, nationale und internationale Spezialitäten rund um die Uhr kredenzt.

Die Einrichtung der Suiten war entsprechend – obwohl ich ja schon selbst goldene Bäder gebaut habe, man erinnere sich an die Affäre meines ersten Chefs in Saarbrücken...

Voller Stolz zeigte man uns per Hubschrauber in den Gebirgen an der südlichen kasachischen Grenze zu China und Kirgisistan einen Olympiastützpunkt, in dem in großer Höhe die Sportler für die olympischen Winterspiele 1992 in Albertville, Frankreich, fit gemacht wurden. Auch hier fehlte es an nichts... Staatsprestige...

Und ein weiterer „Bodenschatz" wurde uns präsentiert: Mammut-Elfenbein! Dieser mindestens 4.000 Jahre alte Rohstoff liegt in den Steppen verborgen und kann nur im Frühjahr und Sommer ausgegraben werden, sobald die Böden frostfrei sind. Der Preis entspricht etwa dem von Elefanten-Elfenbein, wobei der Handel mit Letzterem ja seit 1989 verboten, der Handel mit Mammut-Elfenbein hingegen legal ist. Durchaus zum Leidwesen von Wissenschaftlern und Biologen, die sich neue Kenntnisse über Lebensweise und Nahrung der urzeitlichen Tiere versprechen. Dennoch kann ein Land wie Kasachstan nicht auf diesen Wirtschaftszweig verzichten.

Das Elfenbein wird sowohl als Rohstoff exportiert, als auch von Könnern vor Ort zu faszinierender Kunst geschnitzt, das Handwerk ist uralt und tief im Volk verwurzelt.

„Folklore" sollte auch nicht fehlen: wir erhielten eine Einladung mitten in die Kasachische Steppe, zu einer traditionellen kasachischen Familie in eine Jurte.

Der Hausherr hat mongolische Züge, hohe Wangenknochen, einen Schnurrbart und ist immer dröhnend am Lachen.
Er trägt spitze Lederstiefel, die Hose ist weit geschnitten, seine Jacke ist goldbestickt. Die Kleidung ist an das Reiten angepasst, die Kasachen sind fantastische Reiter, von Kindesbeinen an, und überall in dem Jurten-Dorf sind Pferde zu sehen. Ihre Pferde sind kleiner als unsere, gedrungener, an die winterlichen Verhältnisse hier angepasst. Die Frauengarderobe ist fast immer rot, die seidige Kleidung ist auch reich bestückt, und sie tragen Glöckchen oder Silbermünzen als Schmuck, die beim Gehen klingeln.
Die Kasachen sind sehr gastfreundlich. Neben einer Vorführung ihrer Reiterkunst, die mich mit offenem Mund dastehen lässt, wird uns zu Ehren ein Hammel

geschlachtet, zerlegt und gebraten. Die Steppenvölker leben von ihren Tieren, Ackerbau ist wegen des Klimas und der Steppenböden kaum möglich. Sie ernähren sich von Milchprodukten, joghurtähnliche Speisen, Milchöl und natürlich viel Fleisch. Gemüse und Getreideprodukte sind ihnen eher fremd. Auch Leder wird reichlich genutzt, vieles ihrer Kleidung ist aus Leder. Ihre Tiere sind – neben den Pferden - meist genügsame Ziegen und Schafe. Was sich sonst so wild in der Steppe sehen lässt, wird auch gerne per Pferd erjagt.

Das Innere der Jurte ist erstaunlich groß – und knallbunt! Es gibt fast nichts darin, was nicht liebevoll verziert wäre: Schlafstätten, Truhen (diese ersetzen unsere westlichen Möbel), Kerzenhalter, Trinkbecher und ein niedriges Tischchen. Selbst die Dolche darauf sind Kunstwerke! Wir werden sie später zum Speisen benutzen.
Die Jurte enthält unzählige, orientalische Teppiche, Kissen und Decken. Es ist urgemütlich.

Einzig etwas befremdlich: wir müssen uns zum Mahl auf den Boden setzen. Aber das wussten wir schon seit Ankündigung dieses Ausfluges.
Wobei mir als Fliesenleger das Sitzen auf den Knien deutlich leichter fällt als unserer 20jährigen Studentin, die wir als Dolmetscherin mitgebracht hatten.

Nachdem ich so unzufrieden mit dem offiziellen und teuren Dolmetscher bei der ersten Kasachstan-Reise war, dachte ich mal wieder praktisch-offensiv, fuhr einfach zur Universität des Saarlandes, ließ mir das Institut für Slawistik zeigen und sprach dort die erste Person an, die ich traf. Die junge Frau war gleich Feuer und Flamme, bot ich ihr doch ein paar Hundert DM an und eine freie Reise in das Land, welches sie studierte und wo sie ihre Sprachkenntnisse vertiefen konnte. So unabhängig von Allem hatte sie auch keinen Grund, mir Nuancen aus dem Russischen zu verschweigen oder mir etwas zu verheimlichen, was da auf Russisch gesagt wurde…

Der Hammel – oder waren es zwei oder drei? – wurde aufgetischt. Wir speisten orgiastisch wie die alten Römer. Es schmeckte einfach köstlich… wie auch immer und mit welchen gefunden Kräutern sie ihr Fleisch würzten… vor der vergorenen Milch konnte ich mich erfolgreich drücken. Weitgehend.
Als die Bäuche nahezu bis zum Rand gefüllt waren, kündigte unser Gastgeber lachend an, nun gäbe es natürlich noch das Beste!
Zumindest wir Deutschen erwarteten ein süßes Dessert…

Was die goldgebürdete Frau des Gastgebers klingelnd hereinbrachte war jedoch der sehr gut gebratene Kopf des Hammels!
Entfellt, aber sonst mit allem, was so ein lebendes Tier auch hat.
Uns wurde mulmig unter dem Hemd…
Und lachend begann unser Hausherr mit seinem goldverzierten, spitzen Dolch, die Augen heraus zu stochern.
Dabei sprach er sehr viel, reckte den Zeigefinger in die Höhe und sah uns durchdringend an.
„Hier bei uns in Kasachstan sind die Augen das Sinnbild der Weitsicht!" lautete die Übersetzung. „Daher gehören sie natürlich unseren Gästen aus Deutschland, die zum Handeln hierhergekommen sind!"
Und schon hatten wir die Augen auf dem Teller liegen. Miklosh und ich sahen uns an.
Was jetzt tun? Es kosten und einen Würgeanfall riskieren? Oder ehrlich sein…
Naja, ich war immer ehrlich und bat meine Studentin, dem Gastgeber zu übersetzen, er möge entschuldigen, aber bei uns in Deutschland seie es nicht üblich, Augen von Tieren zu essen, wir würden seine Geste aber sehr zu schätzen zu wissen.

Er hörte der Dolmetscherin aufmerksam zu, nickte, wirkte gar nicht beleidigt oder angegriffen, und wir gaben ihm die Augen rituell und verbeugend zurück, und er aß sie mit Freuden schmatzend und knackend, nahm die etwas zähen Linsen aus dem Mund und legte sie neben den Teller.

Dann begann er wieder lange zu erzählen, mit dem Zeigefinger in der Luft herumzurühren und schnitt die Ohren an dem Hammelkopf ab… „weise Männer aus Deutschland müssen natürlich auch hellhörig sein!", interpretierten wir aus den Gesten.
Ob sie das jetzt noch übersetzen muss, fragte die Studentin. Wir schüttelten beide den Kopf und baten sie erneut, die Unterschiede unserer Kulturen zu erklären, mit viel Fingerspitzengefühl…
Er verstand erneut, lachte dröhnend und verspeiste knirschend die Ohren.
Um ein Stück Zunge und etwas Kopffleisch kamen wir alle jedoch nicht herum.
Aber auch das schmeckte gut – Zungenwurst und Bäckchen gibt es ja in Deutschland auch… oder Schweinskopfsülze.

Auch wenn sich der Schafskopf auf dem Tisch in unseren Gedanken bis zuletzt nicht als „das Beste vom Mahl" darstellen wollte.

Wir waren jedoch nicht als Touristen hier... am nächsten Tag ging es per Hubschrauber zum Abbau-Gebiet.
Fast. Wir landeten in einem Dorf, trafen dort den Bürgermeister, offenbar lag unser Gebiet in dessen Herrschaftsbereich, und es sollte weiter gehen per Jeep.
Beziehungsweise einem Wolga-Geländewagen der Sorte, die seit 1971 unverändert hergestellt werden und mit einem Schraubenzieher und einem Hammer repariert werden können. Und mit Draht ist alles zu befestigen, was abgefallen ist... Ich entsann´ mich an gestern Abend und dass die ursprünglichen Kasachen ihre Pferde nie gegen Autos eintauschen würden...

Der Bürgermeister war auch gleichzeitig Inhaber eines Lebensmittelgeschäftes, welches stark an Ike Godsey´s Gemischtwarenladen bei den Waltons erinnerte... jedenfalls packte er den Wagen voller Mehl und Reis, und unsere Fahrt begann.

Wieder waren wir in einer anderen Welt: stundenlang Steppe, abwechselnd mit Weizenfeldern von Horizont bis Horizont. Einmal folgten wir einer Pipeline mit einem Durchmesser von rund 3 Metern... irgendwo machte diese Pipeline einen Knick, ging ein Stück nach unten in den Boden, in diesem Teilstück war ein Schieber eingebaut, zum

Öffnen oder Schließen des Rohres. Ein wild aussehender Kasache war gerade dabei, diesen Schieber zu öffnen oder zu schließen... er drehte an dem großen Sperrhahn... dabei schenkte er uns kaum seine Aufmerksamkeit. Eine Hütte stand daneben, und dort packte unser Bürgermeister die Ladung aus Mehl und Reis hinein. Mit dem Mann am Schieber wechselte auch er nur wenige Worte.

Wer dieser einsame Wächter war, wie karg er lebte und was in der Pipeline floss, weiß ich bis heute nicht... aber die Leute der Steppe sind vom Leben praktisch und unkompliziert erzogen worden...

Wir kamen auch an unserer Abbaustelle an.
Und wurden gleich enttäuscht: vier Probe-Blöcke, welche schon längst in Moskau sein sollten zur weiteren Analyse, ruhten still wie der See dort, wo wir sie Wochen zuvor hingelegt hatten!
Die paar Arbeiter der Vorhut unseres Unternehmens meinten, sie hätten kein Geld, um die Blöcke zu transportieren.
Das würde schließlich 2.000 DM allein bis zur Landesgrenze kosten!
Ich hatte kein gutes Gefühl im Magen, dass ein Unternehmen von 76 Millionen am Anfang an 2.000 DM scheitern soll... zumal ich ja jetzt wusste, wo das Geld

versickert... in Champagner-Flüssen in Staats-Hotels und Prestige-Sport-Medaillen...

Umso schneller musste das Ganze unter Dach und Fach!

Vor Ort wurde nichts gefunden, welches einem Abbau des weißen Granits für den Weltmarkt entgegen gesprochen hätte!

Es ging also zurück in unser Hotel um Nägel mit Köpfen zu machen!

Der Vertrag hatte 34 Seiten und war in 4 Sprachen verfasst: Russisch, kasachisch, jugoslawisch, deutsch.

Jede Seite musste einzeln unterschrieben werden, und nach jeder Seite war ein Vodka fällig... der russische Staatssekretär hätte danach noch fahren können, Miklosh war leicht angeschlagen, und ich kann mich an den Abend nicht mehr erinnern... wer selten bis kaum trinkt, hat in Russland schlechte Karten.

Mit diesem Ergebnis verließen wir Kasachstan und Russland. Beide Staaten waren für den großen Deal bereit, mit uns zusammen zu arbeiten.

Ein Foto, welches Gegensätze ausdrückt:
Schon beim Flug Frankfurt-Moskau ging mein Koffer verloren!

Der Versuch, in Moskau schnell Ersatz für Kleidung zu kaufen, scheiterte: in der Kürze der Zeit fanden wir nur einen Supermarkt, der aus weitgehend leeren Regalen bestand. In einem meterlangen Kühlregal lag ein verschmitztes Hähnchen, an Hemden waren nur ein paar bunte Exemplare aus Polyester zu finden… nichts für einen Staatsbesuch!

So wurde mir von den hohen Herren wenigstens ein helles Hemd geliehen – welches ich in der gesamten Dauer der Reise jeden Abend im Hotel zusammen mit der Unterwäsche wusch und tropfnass kunstvoll aufhängte, damit es über Nacht glatt trocknete. Den Koffer gab es erst wieder in Moskau zurück.

Andererseits sitze ich in unserem Hotel und esse mit großem Appetit meine Lieblingsspeise zum Frühstück: frischen Kamel-Joghurt! In jenem beschriebenen Hemd!

Der Leser wird sich jetzt fragen, wie ich – oder wir:

- o Miklosh, Steinmetz, Steinmaschinen-Vertreter;
- o Kilic, Restaurantkettenbesitzer;
- o seine Freunde: der Ingenieur und der Geologe in Belgrad, noch hinter dem Eisernen Vorhang;
- o und ich, Fliesenleger aus Riegelsberg/Saar,

wie *wir* 76 Millionen Investitionssumme bekommen wollten?

Nun, dies ist deutlich einfacher als ein Konsumenten-Kredit von 5.000 Euro für jemanden, dem das Geld für´s Leben knapp wird...
Eigentlich war es überhaupt kein Problem: wir hatten die Geschäftsidee, einen genauen Business-Plan, Produktproben und Expertisen, die jeder begutachten konnte. Dies machten wir an den richtigen Stellen bekannt, und wie Motten vom Licht angezogen sprangen Leute auf den Zug, die über sehr viel Geld verfügten.
„Ein Investment-Case" nennt man das heute.

Wir hatten eine Großfirma, saarländische Geschäftsleute und auch eine lokale Bank, von der man immer naiv denkt, sie würden nur das Geld der Kunden verwalten, um ihn zu entlasten. So praktisch wie in einer Schuhschachtel... aus Freundlichkeit.
Wer jedoch die Bankenkrise in Griechenland mitbekommen hat, bekam deutlich gezeigt, dass die Banken gar nicht über das Geld, welches wir „auf *unserem* Konto haben", verfügen.

Jedenfalls war die Finanzierung des großen Deals kein Problem, und in kurzer Zeit erledigt.

Es ging jetzt an die Bestellung des Werkzeugs und der Maschinen. Aus Italien, Verona sollten sie kommen.

Geplant war ein Treffen auf einer Messe in Verona, auf welcher alle Beteiligten gleich die Maschinen zur Steinbearbeitung und deren Preise sehen konnten.

Dass genau dieser Umstand zu der Katastrophe führen sollte, wusste zu diesem Zeitpunkt noch niemand...

Miklosh, Kilic und ich kamen aus Frankfurt per Flugzeug nach Mailand. Der Ingenieur und der Geologe sollten aus Belgrad kommen, die Russen ebenfalls über Belgrad, weil das für sie einfacher war wegen dem Eisernen Vorhang. Mit Jugoslawien bestand ja schon lange reger und ungestörter Flugverkehr aufgrund des Tourismus.

Alles lief anders als geplant...die Russen informierten unser Hotel, dass sie kein Visum für Italien bekämen und in Belgrad festsäßen, was uns sehr verwunderte. Das jugoslawische Ingenieurbüro kam so spät, dass ein Messebesuch nicht mehr in Frage kam. Nach herzlicher Begrüßung verabredete man sich zum Abendessen in der Hotellounge in der Hoffnung, dass eventuell die Russen hinzustoßen. Man besprach kurz, dass die Verträge für die Bestellung der Maschinen auch in Belgrad unterzeichnet werden können, das fehlende Visa der Russen sollte den großen Deal nicht behindern...

Aber selbst zum Abendessen kam es nicht mehr... der Geologe des jugoslawischen Büros informierte uns, dass es dem Ingenieur sehr schlecht ginge, er würde Blut erbrechen.
Das Hotel rief ihm einen Notarzt, der vor Ort noch der Meinung war, es seie kein Problem, in einem Krankenhaus könne man ihn heilen.

Am nächsten Morgen jedoch kam während des Frühstücks ein Arzt in einem weißen Kittel in Begleitung eines italienischen Polizisten zu unserem

Tisch und wir wurden befragt, zu welchem Zweck Miklosh, Kilic und ich hier seien und was der jugoslawische Ingenieur dabei für eine Rolle spielte. Dieser seie die Nacht an inneren Blutungen gestorben, wie die Ärzte meinen, seie er vergiftet worden!

Geschockt machten wir unsere Aussage, zusammen mit dem Arbeitskollegen des Toten, wir hatten nichts zu verbergen…

Es folgte nun das übliche Durcheinander, wenn jemand so plötzlich stirbt… die Frage des Warum??? Hat es etwas mit uns zu tun?
Eine sofortige Obduktion in Italien verweigerte der jugoslawische Staat. Der Ingenieur sollte so zurückkehren, wie er ist. Eine Obduktion habe in Jugoslawien zu erfolgen!
Das nächste Problem: die italienische Fluglinie weigerte sich, eine Leiche nach Belgrad zu transportieren! Also wie sollte der Ingenieur zeitnah dorthin kommen?
Bei der Diskussion mit der italienischen Fluglinie stellte ich zu Anfang die falschen Fragen. Argumentierte, erklärte, rechtfertigte, stellte mein Problem dar, anstatt zu fragen: „Was kostet es???"
Für 1.000 DM direkt unversteuert in die Hemdtasche flog unser Freund dann tot im Frachtraum nach Belgrad…

Die russische Delegation geduldete sich kurz in Belgrad, aber sie wartete das ganze Hickhack nicht komplett ab und verschwand wieder unverrichteter Dinge nach Alma Ata. Mit einer weiteren Bestätigung im Kopf, dass Kapitalismus pur nicht funktioniert.

Und ich legte wieder meine goldene Arschkarte ab.

Was dahinter steckte?
Das belgrader Ingenieurbüro als Drehscheibe unseres Unternehmens zwischen West und Ost hatte die Einkaufspreise für die italienischen Maschinen um 50 Prozent gefälscht!
Sie ahmten unsere Briefköpfe nach und änderten die Preise. So hätten sie von den Russen viel mehr Geld bekommen, als zum Kauf nötig gewesen wäre.
Was ihren Plan dann durchkreuzt hätte: wenn die Russen auf der Maschinenmesse in Verona die wirklichen Preise der Maschinen gesehen hätten. Darum durften die Russen nie zu der Messe kommen!

Wie es das Ingenieurbüro geschafft hat, sie in Belgrad festsitzen zu lassen, weiß ich nicht. Aber zu der Zeit genügte ein Tipp an der richtigen Stelle, eine falsche Verdächtigung, und schon wurde der Reisende von Ost nach West zeitaufwändig durchleuchtet.

Unserem belgrader Ingenieur war der Betrug bekannt und er wollte dabei nicht mitmachen und es bei unserem Geschäftsessen in der Hotellounge aufdecken – aber vorher wurde er vergiftet, wahrscheinlich schon vor dem Flug.

Dies ergab die Obduktion in Belgrad, wie uns der Geologe mitteilte.

Ich hätte dem Leser an dieser Stelle gerne einen abgeschlossenen Krimi geliefert, jedoch ist mir nicht bekannt, was aus dem Fall weiter wurde und inwieweit Ermittlungsbehörden den Mord aufdeckten.

Der russische Staatssekretär nahm noch einmal Kontakt mit der deutschen Gruppe auf, aber die Geschichte hatte den großen Deal eingeholt: am 31.12.1991 hörte die UdSSR auf zu existieren. Nachfolger war die GUS, die Gemeinschaft unabhängiger Staaten.
Dadurch hätte der Transport unseres schweren Gutes Granit durch unzählige Teilrepubliken geführt, alle mit instabilen politischen Verhältnissen und alle hätten für die Durchreise die Hand aufgehalten... ein Flickenteppich aus Staaten wie im Mittelalter in Deutschland.

Damit rechnete sich das Geschäft nicht mehr...

Der weiße Granit liegt bis heute in den Böden Kasachstans...

Guter Rat ist teuer

Für die Sowjetunion das Ende, war für mich wieder mal ein Anfang... von Null auf. Das meiste Geld hatte ich für den großen Granit-Deal verbraucht, für Gutachten, Ingenieursplanungen und Reisen...
Ohne Arbeit war ich aber nie, dafür wurde in der Zeit zu viel gebaut... wir befinden uns immer noch im Aufbau nach dem Zusammenbruch der DDR.

Nach ein paar Monaten Mischen zog ich wieder eine Karte, um beim Spiel der Großen mit zu machen...

1992, Bad Reistal[5], Bayern, an der Grenze zu Österreich und der CSFR, der Tschechischen und Slowakischen Föderativen Republik unter Vaclav Havel. Ende

---

[5] Ortsname geändert

des Jahres wird das Land geteilt in die beiden Staaten Tschechei und Slowakei.
Änderung, Umbau und Aufbau liegen in der Luft.

Hier entsteht ein Hotel, 5 Sterne soll es haben, der Ort scheint wie geschaffen für Touristen, die dann in Deutschland wohnen, aber Ausflüge nach Österreich und ins Billigland CSFR machen können.
Der Rohbau steht, ich bin Vorarbeiter von 60 Mann, unser Auftrag ist, auf Termin alle Fliesenarbeiten zu erledigen. Das sind neben den Bädern auch Highlights wie eine Bar, die einem Burg-Kerker nachempfunden ist, und einen sehr großen Spa-Bereich mit Pool, Jacuzzi und eine Regenstrecke, die einen tropischen Regen-Guss simuliert. Auf dem Weg sind spezielle Brausen angebracht, die das Wasser sehr weich verteilen, die Hotelgäste laufen dann zwischen tropischen Pflanzen wie im Regenwald und genießen das sanfte, seidige Nass von oben.

Unsere Truppe bekam für ihre Arbeit zwei Abschlagszahlungen vom Bauträger problemlos ausgezahlt. Sogenannte *Akonto* sind Zwischenzahlungen bei Bauleistungen, jedem Häuslebauer wird es ein Begriff sein.

Die Dritte blieb aus... beim wöchentlichen jour-fixe wurden unsere Arbeiten auch anstandslos abgenommen.

Da ich ja nun schon einiges erlebt habe, wollte ich hier auf Nummer sicher, und nicht wieder in Vorleistungen gehen, die ich vielleicht nie wieder bekommen hätte. Aufgelaufen waren 1,4 Millionen DM. Bei Rücksprache nannte mir der Bauträger keinen Zeitraum, in dem er zu zahlen gedenke. Ich solle mich gefälligst wieder auf die Baustelle machen!

Daraufhin stellte ich ihm eine Frist bis zum nächsten Tag um 12:00 Uhr, ansonsten würden wir die Arbeit sofort einstellen.

„Ist das etwa eine Drohung?" fragte der Bauträger-Vertreter. „Nein, das ist ein Versprechen!" antwortete ich.

Am nächsten Morgen lag eine Abmahnung auf meinem Schreibtisch... Gegen 11:30 Uhr fuhr der Bauträger mit eingezogenem Kopf an mir vorbei und verließ das Gelände. Er dachte nicht daran, mit mir um 12:00 zu besprechen, was mit unserem fälligen Abschlag ist.

Um 12:30 Uhr sagte ich der Truppe, sie sollen alles einpacken, es ginge heimwärts.

Von zuhause aus schrieb ich dem Bauträger drei Mahnungen und einen Zahlungsbefehl – erfolglos. So kam es denn am Passauer Landgericht zum Prozess, und er wurde in 45 Minuten schuldig gesprochen.

Und direkt nach dem Urteil sagte die Gegenpartei, sie werde dagegen Berufung einlegen mit der Begründung, von meiner Seite aus hätte Arbeitsverweigerung vorgelegen.

Als Beispiel dafür wurde eine Küche genannt, die ich nicht fliesen konnte, weil dazu der Estrich noch nicht trocken genug war.

Zudem soll es zu hohen Müllkosten gekommen sein. Dabei war meine Truppe die Einzigste, die ihren Müll in einem unbenutzten und absperrbaren Raum sammelte, und von dort gezielt in unseren Container brachte, sobald dieser angefahren kam und gefüllt gleich wieder abfuhr. Dazu muss der Leser wissen, dass an Großbaustellen jede Gruppe einen Container hat, und dieser zu den Kosten dieser Gruppe zugerechnet wird. Natürlich freuen sich die Maurer, wenn sie ihren Abfall in den Container für die Heizungsbauer werfen können, und so weniger Abfuhren auf ihrer Rechnung haben… und die Heizungsbauer wundern sich.

Wozu Kostendruck doch alles führt…

Nächster Termin für mich in Sachen Bad Reistal: Oberlandesgericht München, 2. Instanz, die Berufung wurde zugelassen!

Mein Anwalt hatte leider zu dieser Kammer keine Zulassung, also brauchte ich einen Neuen. Ich fand auch einen sehr guten und wunderte mich über seinen Wahlspruch, der groß über dem Empfang prangerte:
„Bei mir ist guter Rat teuer!"

Im Chefbüro saß ein wohlbeleibter Mann um die 60 im schwarzen Anzug am Edelholzschreibtisch. Er hatte sich vor unserem Termin schon kurz in den Fall eingelesen und meinte trocken: „Gewinnen wir!" Eine sichere Teilklage für die Hälfte der Klagesumme nahm er nicht an.
Und für die Vorarbeit zur Verhandlung wolle er jetzt 25.000 DM bar auf den Tisch!
Mir blieb am Schreibtisch kurz die Luft weg…
Verhandlungen lehnte er von vornherein ab, wie höhere Zahlung im Erfolgsfall oder eine Teilzahlung…
So überheblich wie sein Wahlspruch war auch er selbst!
Ich stand auf und sagte ruhig: „Sie können mich 25.000 mal am Arsch lecken!" und verließ das Büro.
Diesmal schnappte er nach Luft…

    Natürlich verfügte ich in dieser Situation nicht über eine solche Summe, und mir war auch das Risiko eines Urteils gegen mich zu groß, welches zwar unwahrscheinlich, aber durchaus gegeben war.

Jeder weiß, wie unverständlich Richter ab und an gegen jede Vernunft „Recht" sprechen.
Rechtlich hieß das: ich bin zur 2. Verhandlung nicht angetreten, das bedeutet, es ist kein Klage-Gegenstand mehr da, und auch das 1. Urteil zu meinen Gunsten ist nicht mehr rechtskräftig.
Fall erledigt! Auf meiner Hand lag meine übliche Karte...

Ich konnte meinen Arbeitern noch den Lohn auszahlen, alles verkaufen vom VW-Bus bis zur letzten, gebrauchten Kelle und stand wieder auf Null. Beziehungsweise weit unter Null...

Während der Zeit der Verhandlungen und des Stillstandes wurde bekannt, dass der Bauträger pleite gegangen ist, und fehlende Abschlagszahlungen eher den Hintergrund beginnender Zahlungsunfähigkeit hatten als eine nicht gefliese Küche oder zu vielen Abfallcontainern.
Das Hotel wurde noch unfertig versteigert, und gehört heute zu einer Hotelkette. Diese konnte überall neue Teppiche legen und neue Wäsche und komplettes Equipment kaufen, da alles bereits mit dem ursprünglichen Logo bedruckt war... Das Hotel erfreut sich bis heute betuchter Gäste. Dass viele Fliesenarbeiten darin unbezahlt sind, sieht man nicht.

„Büro 2"

1994. Nelson Mandela gewinnt die erste demokratische Wahl in Südafrika. „Speed" mit Sandra Bullock und „Forrest Gump" mit Tom Hanks laufen in den Kinos. Und überall wird „Cotton Eye Joe" von den Rednex aufgedreht...

1994 bis 1996 war ich Angestellter. Alfred hieß mein Chef, war ein exzentrischer Erfinder und, wie das oft so ist, ein starker Trinker. „Büro 2" war in dem kleinen Betrieb ein geflügeltes Wort. Gemeint war damit die örtliche Kneipe...

    Seine Erfindung wäre eine Revolution auf dem Bau gewesen:
Er stellte passgenaue Bauelemente aus Styroporbeton her! Dazu hatte er eine – leider völlig heruntergekommene – Fabrikhalle, in der er Grundelemente der Größe 1 x 2,5 Meter herstellte. Die Elemente wurden in einer Stahlform gegossen, in der Kunststoffrohre befestigt waren, die nach der Trocknung des Elements herausgezogen wurden. Bei Bedarf konnten in die entstandenen Hohlräume Stahlkörbe in Beton ausgegossen werden, was die Tragfähigkeit vergrößerte; somit war es auch möglich, mehrgeschossig zu bauen.

Styroporbeton isoliert durch die eingearbeiteten Styropor-Zusätze – und vor allem waren die Elemente sehr leicht zu bearbeiten: mit einer Widia-Kettensäge konnten alle Elemente genau zugeschnitten werden!

Widia („Wie Diamant") sind spezielle Hartmetall-Kettensägen, die zum Beispiel nicht für Baumarbeiten geeignet wären.

Die einzelnen Bau-Elemente konnten durch die runden Hohlräume sehr schnell mit Beton miteinander verbunden werden. Ergo entfiel auf der Baustelle das aufwändige Mauern mit einzelnen Steinen, im speziellen das Zurechtklopfen der Steine an unzugänglichen Stellen mit entsprechend viel Bruch; sowie mühsame Verschalungen und Baustopps zu deren Trocknung.

Autobauer würden es Baukastensystem nennen: ein Grundelement für alles, nur leicht abgewandelt im Individuellen!

Alfred machte mich zum Betriebsleiter mit Festgehalt.

Als ich kam, war die gesamte Anlage zu desolat um kontinuierlich zu produzieren. Weil ich an der Sache so stark interessiert war und an den Erfolg des Produktes glaubte, habe ich zwei neue Mitarbeiter zugesteuert und die Anlage in Gang gebracht. Um das

System publik zu machen, besorgte ich zwei Baustellen, wo zwei 6-Familien-Häuser gebaut wurden. Für diese Bemühungen wurden mir als Provision 32.000 DM versprochen.

Ich bin der festen Überzeugung, dass heute niemand mehr mit Holzverschalungen arbeiten würde, wenn Alfred das Ganze richtig aufgezogen hätte... und er würde irgendwo im Süden leben und seinen Lebensabend auf einer Finca genießen.
Aber typisch für Alfred waren folgende Szenen:
Als ihm seine Frau einmal sein Bier nicht aus dem Keller holte, steckte er mit Papier und allem Möglichen, was er fand ihre Lieblingsblumenvase im Wohnzimmer in Brand und löste so einen Feuerwehreinsatz aus.
Einmal kam ich ins Büro und sah, dass das untere Glaselement der Eingangstür eingetreten war, und von dort führte eine Blutspur in sein Büro.
Ich erschrak und zögerte... im Fernsehen springt der Held dann immer rufend den Flur entlang, findet eine Leiche und kriegt beim Betrachten derselben vom Mörder eins auf den Hinterkopf, da der Mörder noch hinter der Tür steht und sich zur Flucht den Weg frei schlägt.
Also schlich ich vorsichtig ins Gebäude – und hörte Alfred in seiner üblichen Art schon in seinem Büro

rumoren und brummeln... ich beschleunigte meine Schritte und da saß er wie immer... nur, dass unter dem Schreibtisch eine Blutlache hervorquoll.

Das Bild war mal wieder grotesk: ich stand da mit offenem Mund, und er sitzt da und guckt fragend „WAS?"

„Alfred, was ist denn passiert???"

„Was soll passiert sein???"

„Die Tür! Das Blut!!!"

„Ach" murrte er, „hab´ den Schlüssel vergessen und die Tür eingetreten. Mich wohl geschnitten. Is´ aber nix!"

„Alfred, Du sitzt in einer Blutlache!"

„Ach was!"

Ich schaute mir seinen Fuß an und sah schon von außen: beim Eintreten muss er sich an der stehenden Scherbe Schuh und Ferse tief eingeschnitten haben. Absatz und ein Stück Ferse klappten herunter...

„Du musst ins Krankenhaus! Ich rufe Dir den Rettungswagen!"

„Nein, ich gehe jetzt ins Büro zwei!" Ich merkte, dass er schon ordentlich getankt hatte und weder Schmerz verspürte noch die Situation irgendwie erkannte. Er sah jetzt nur ein Ziel: seine Kneipe! Und zwar alternativlos! Ich solle ihn hinfahren! Ich seie sein Angestellter!

Da weder Worte noch sanfte Gewalt etwas nutzten, fuhr ich ihn in seinem Mercedes 450 Cabrio (wie so oft) in die Kneipe in der Hoffnung, die Anwesenden und die Wirtin würden ihn überzeugen können, den Rettungswagen zu rufen. Dabei verblutete er natürlich sein Auto und die Wirtin wollte ihn gar nicht bis zum Tresen lassen mit seiner Blutspur. Das Ergebnis war aber kein Einsehen, sondern ein randalierender Alfred, der schließlich mit der herbeigerufenen Polizei in Handschellen in die Ambulanz kam – von wo er ebenfalls am nächsten Morgen floh, aber zumindest mit genähter Wunde.

Es versteht sich von selbst, dass ein so viel beschäftigter Mann nicht besonders auf die Pünktlichkeit der Lohnzahlung achtete... als sich dies und seine Sucht stark verschlimmerten, kündigte ich.
Meine Provision von 32.000 DM habe ich nie erhalten.
Drei Monate später starb Alfred, ohne je seine grandiose Idee wirklich auf den Markt gebracht zu haben.

Die folgenden Jahre schlug ich mich durch.
Mehr schlecht als recht, sonst wäre ich bestimmt nicht auf die Idee meines letzten großen Auslandsabenteuers gekommen...

Schweineohren aus China

Alles, was ich verdiente, ging in die Schuldentilgung der letzten Kapitel meines Lebens, für mich blieb nur das Nötigste. Daher suchte ich nach etwas Großem, was mich entscheidend weitergebracht hätte... Mit 57 denkt man ja schon mal in Richtung Rente...

1999. „...Baby one more time" sang Britney Spears so treffend.
Und Stefan Raab besang mit Truck Stop den deutschen Kleingeist mit „Maschendrahtzaun." Im Saarland wurde Peter Müller Ministerpräsident, und es gab ein paar Neureiche in Deutschland, nämlich diejenigen, die Sonnenbrillen aus Plastikfolie und Pappe vertrieben: im August gab es die totale Sonnenfinsternis, an die sich sicher viele Leser erinnern werden. Wer hatte keine?

Prolog

Ich arbeitete für einen Mann namens Zöller. Dieser baute in Halle, Sachsen-Anhalt, zwei Miets-Häuser, ich hatte alle Fliesenarbeiten zu erledigen. Früher verkaufte Zöller, der natürlich aus dem Saarland stammte, hauptberuflich Autos in die neuen Bundesländer. Auch an diesen Boom werden sich viele Leser erinnern... als Gebrauchtwagen aller Art zu Gold wurden.

Aus dieser Zeit hatte er noch eine Lackierhalle als Nebenerwerb, die aber kaum etwas abwarf, zu wenig Kunden.

An dieser entlegenen Halle fuhren wir zufällig nach einem seltenen nächtlichen Kinobesuch (es war ein Überlänge-Film!) vorbei und wunderten uns über Licht und einen übervollen Parkplatz. Als wir dort anhielten, sahen wir alle drei angestellten Lackierer fröhlich schwarz arbeitend, Bargeld stopfte die Hemdtaschen aus, und die schönsten Autos standen auf dem gesamten Gelände herum.

Das war a) der Grund, wieso die Lackiererei so wenig abwarf und b) der Grund, weshalb Zöller alle drei fristlos kündigte und seine Halle absperrte.

Dies tat ihm nicht besonders weh, sein Hauptgewerbe war jetzt der Bau. Die Halle indes blieb ungenutzt, fraß aber wenig Geld.

Der Tüftler

Ich bin jemand, der immer etwas machen muss. Abgesehen vom Angeln ist mir Untätigkeit fremd... meine Hände müssen immer etwas zu tun haben.

Ich war an einem Wochenende bei einem Freund, Tüftler, Lebenskünstler. Er fragte mich um Rat: er bekäme seine Schweineohren nicht getrocknet, ob ich ihm helfen könne.

Da ich ja auf dem Land aufgewachsen bin, kam mir diese Frage nicht so befremdlich vor, wie vielleicht jetzt dem Leser.

„Schweineohren trocknen? Für den Hund?"

„Ja, genau, ich will mir da was aufbauen!"

Diese von Hunden so heiß geliebten Knabber- und Kau-Spielzeuge, die sich tagelang halten und die sie tagelang herumschleppen, sind aus getrockneten Schlachtabfällen, unter anderem aus Schweineohren. (Welche mein Freund von einem Metzger sehr günstig erhielt.)

Prinzipiell haben Hunde einen starken Drang zu beißen und zu kauen, es dient der eigenständigen Zahnreinigung. Ein vollständiges Gebiss ist natürlich für einen Hund „in der Natur" beziehungsweise für seinen Vorfahren, den Wolf, lebenswichtig. In der Natur bissen die Tiere auf alten Häuten von Beutetieren herum oder deren Knochen. Als heutiges Haustier muss dann das Herrchen für sicheren Ersatz sorgen.

Mein Freund hatte das Trocknen schon im Keller versucht, wobei die Ohren aber nur schimmelig wurden. Nun hatte er sich einen gebrauchten Baustellen-Container für 300 DM gekauft und einen Ofen reingebaut, aber auch dort wollten die Ohren nicht trocknen.

Ich schaute mir die Konstruktion an und fand, dass sie keinen Abzug hatte. Ich baute ihm einen Abzug mit Kamin-Sog-Wirkung und Baustellenbrenner in den Container, und das Ganze funktionierte, und zwar, wie sich später herausstellte, mit zwei Drittel der Energie, die er vorher benötigte. Das Problem war, dass die Feuchtigkeit nirgendwo abziehen konnte. Und das ist natürlich zum Trocknen genau der Punkt. „Umluft" war hier das Zauberwort.

Mein Freund war froh, sein Hundespielzeug wurde ihm aus den Händen gerissen.

„Ein Ort, in dem es heiß ist, mit Luft-Abzug. Hundekauspielzeug!"
Und in mir keimte der Gedanke auf...
Die Halle!
Die leere, ungenutzte Lackier-Kabine!!!

Lack wird nach dem Lackieren eingebrannt, daher sind diese Kabinen sehr kontrolliert aufheizbar, sie haben einen Abzug mit allen möglichen Filtern, es können regulierbare Luftzüge erzeugt werden... alles

von außen steuerbar, mit inliegenden Thermometern und Messgeräten!
Wenn man *darin* nicht perfekt Schweineohren trocknen kann, weiß ich´s nicht mehr!

Ich habe gleich Zöller damit überfallen!
Der natürlich mehr als skeptisch war…
„*Hundespielzeug*? Kann man damit Geld verdienen?"
„Klar, die Leute lieben Ihre Hunde! Und wollen nur das Beste für sie. Bei uns wissen sie, was sie kaufen! Bei der Industrie weiß man ja nie, was da drin ist…"
„Na dann… probieren wir es einmal aus!"
Meine praktische Art, einfach auf Menschen zuzugehen, von denen ich etwas brauche, verhalfen mir zu einer Schubkarre voller Schweineohren. Ich bin einfach mit dem Kleintransporter ohne Anmeldung in Dessau zu einem Schlachthof gefahren und wollte den Verkaufschef sprechen. Welcher mir auch sofort das Gewünschte freudig verkaufte.

Vorher hatte ich noch ein Böckchen aus Eisenstangen zusammengeschweißt und in die gereinigte Spritzkammer gestellt.
Wir legten die Schweineohren darauf und gingen gespannt zu den Bedienelementen hinter der Glasscheibe. Wir stellten eine Temperatur ein, die uns ungefähr richtig erschien, ließen den Abzug rauschen

und warteten ab. Erhöhten oder erniedrigten mal die Temperatur – und nach ein paar Stunden war das Ergebnis TOP! Die Ohren waren knisterhart trocken!

Einen Versuch warteten wir natürlich noch ab: den Test am Endkunden!
Sämtliche Hunde von Bekannten und Verwandten wurden Test-Esser und kamen zu demselben Ergebnis: DELIKAT! Mit riesen Freude zernagten sie die Dauer-Leckerlies, trugen sie mit sich herum und wehrten sich, sie abzulegen.
Was mich nicht verwunderte: was auf dem Land beim Schlachten nicht von den Menschen gegessen wurde, wurde frisch dem Hofhund gegeben oder zum Haltbarmachen langfristig getrocknet, so ließ es sich über´s Jahr besser verteilen.

Damals wurde es in der Sonne getrocknet oder in der kalten Räucherkammer, einfach nur den Abzug nutzend, es dauerte Tage – aber wir wollten das Ganze ja professionell betreiben!
Wir bauten statt dem Test-Böckchen PKW-große Wägelchen zur optimalen Ausnutzung der Spritzkammer – immer eines drinnen zum Trocknen, eines draußen zum Bestücken mit neuem Material oder zum Entladen.
Ich baute neben der Halle drei Kühl- und ein Lagerhäuschen.

Solche Kühlhäuschen waren mit das Erste, was ich je gebaut habe...

Anfang der sechziger Jahre baute ich mit zarten 19 oder 20 Jahren im Auftrag der Gemeinde beziehungsweise der Bauerngenossenschaft Gemeinschafts-Gefrieranlagen, so um die 4 – 6 Meter lang, in welchen sich einzelne Bauern Kühlfächer kurzzeitig mieten konnten, je nachdem, wieviel sie gerade zu lagern hatten, etwa nach einer Schlachtung.

Solche Kühlhäuser sind natürlich voll gefliest, der gesamte Aufbau war ein Kinderspiel für mich inklusive amtlicher Abnahme für Lebensmittel.

Der Schlachthof lieferte gerne auch in größeren Mengen allerlei Schlachtabfälle. Neben Schweineohren sind auch Häute, Lungen, Luftröhren, Sehnen, Füße und Ziemer als Kauspielzeug geeignet, sowohl von Schweinen als auch von Rindern. Bei Rindern sehr beliebt ist der Pansen, den Hunde gerne mögen. Und Ziemer ist genau das, was sich der Leser jetzt denkt... vom Ochsen... bei Hunden auch beliebt, bei Herrchen eher weniger wegen dem strengen Geruch beim Durchfeuchten mit Hundespeichel...

Die Anmeldung des neuen Gewerbes rief zwar Kopfschütteln hervor, Hundeknabbereien in einer Autolackier-Halle, wurde aber genehmigt. Lei-

der mit der Ausnahme, dass wir keinen Pansen trocknen durften – dafür hätte es eines besonderen Filters bedurft, weil durch das Erhitzen hier unerwünschte, stark riechende Gase entstehen können.
Jeder Magen ist ein Chemie-Labor, ganz besonders aber der Pansen-Magen des Rindes. Es ist der erste ihrer vier Mägen, derjenige, aus dem sie nach heftigen Gärvorgängen Wiederkäuen.
Dieser Umstand ärgerte uns etwas, da Pansen mit das lukrativste Produkt gewesen wäre... aber ab und an, wenn Petrus den Wind in Richtung Land blasen ließ, wo er von niemandem gerochen wurde, trockneten wir nachts auch einmal ein, zwei Pansen...

Natürlich wurden wir streng kontrolliert. Wir brauchten Papiere, dass unsere Tiere nach den EG-Bestimmungen ordnungsgemäß gehalten und geschlachtet wurden, welche wir aber von dem Schlachthof problemlos bekamen, der ja seinerseits entsprechend überwacht wurde. Der Schlachthof in Dessau lieferte uns zwischen 20 und 30.000 Schweineohren im Monat. Zuzüglich der anderen geeigneten Teile.
Bei diesen Kapazitäten mussten wir natürlich eine kleine Mannschaft für unsere Firma „Dog Shop" einstellen, die die Produktion am Laufen hielt.

Ich war kreativ und erfand neue Produkte: mixte gemahlenen Abfall von Pansen, Ohren, Luftröhren oder Sehnen mit Getreide, stach das Ganze mit einem Glas aus wie Weihnachtsplätzchen, trocknete es und hatte einen leckeren Hundesnack! Die Meinung der bellenden Testesser war eindeutig – und alles frei von Chemie!

Erinnerungsstücke: meine Visitenkarte!

Was wir produzierten, wurde sofort verkauft mit Nachfrage nach Mehr!

Es ging an größere Tiernahrungsketten, die uns sofort unser Produkt abkauften. Es ging an örtliche Tiergeschäfte, Kunden waren begeistert, sahen ihre Hunde gut versorgt und kauften regelmäßig.

Ich fuhr bald mit dem Kühl-LKW durch die Lande und kaufte mehr Rohstoffe. Unsere Produktion in Halle lief in Schichten.

Einmal waren wir bei der jährlichen Internationalen Hundeausstellung im Münchner Olympiastadion. Mieteten dort einen Stand zur Präsentation

und zum Verkauf unseres Produktes, in Süddeutschland waren wir noch unbekannt. Als ich rückwärts mit dem LKW an die Ausstellung heranfuhr, um Material auszuladen, wurde ich noch mit der ersten Kiste in der Hand abgefangen von einem Großhändler, der wissen wollte, was ich da habe. Ich stellte die Kiste auf den Boden, und er inspizierte deren Inhalt, knabberte ein Stückchen ab, hörte sich an, wie wir das ohne Zusatzstoffe produzieren und sagte lakonisch: „Ich nehme alles!"
„Wie jetzt, den ganzen LKW?"
„Nein, *alles*! Auch das, was sie noch in Halle gelagert haben!"

Mein Münchner Hundeausstellungs-Stand blieb leer... wir luden die Fracht meines LKW aus, ich fuhr wieder los nach Halle und holte alles, was auf Vorrat dort lag und brachte es dem Großhändler... naja, die Standmiete war zwar verloren, aber schließlich kam ich ja zum Verkaufen hierher.

Das hätte mein letzter Job werden können vor der Pension... Hätte!
Aber ich heiße ja Horst Grewenig...

Bei einer Hundeausstellung in Worms wurde ich abermals angesprochen von einer sehr großen Firma für Haustierbedarf. Diese wollte nicht kleckern, sondern klotzen und unsere Produkte dauerhaft in ihren bundesweiten Filialen anbieten. Ein Millionengeschäft!

Besonders gefallen hat ihnen unser Pansen. Diesen stellten wir schon länger legal her, nach dem Erfolg kauften wir unseren Filter und bekamen auch die Genehmigung, mit unserem Verfahren Pansen zu trocknen.

Sie wollten wissen, wie wir den Pansen denn herstellen würden?

„Betriebsgeheimnis" lächelte ich nur.

Ihm wollte ich das Herstellungsverfahren nicht sagen.

„In einer Lack-Trockenanlage" hätte ihn sicher sehr erstaunt. Und selbst auf die Idee gebracht...

Nicht, dass es mir nochmal geht wie bei den CSSR-Terrazzoplatten...

Er orderte als Erstbestellung und zur Markteinführung drei Tonnen getrockneten Pansen!

Das hieß für uns: 30 Tonnen Rohmasse vor der Trocknung. Wie wir alle wissen, bestehen Körper ja zu einem Großteil aus Wasser.

Ich habe es geschafft, das alles einzukaufen und zu trocknen. Die Haustierbedarfsfirma leierte einen Werbefeldzug an, bereitete mehrere Filialen vor, es gab einen Tag X zur Markteinführung von Dog-Shop-Pansen.

Aufgeregt fuhr ich mit dem LKW vor unserer Lagerhalle vor, um die bestellten 3 Tonnen aufzuladen, drei Kühlhäuser voll.

Mich traf fast der Blitz, als ich alle 3 Kühlhäuser leer vorfand!!! Wie aus dem Maschinengewehr schossen mir wieder alle möglichen Gedanken durch den Kopf: gestohlen? Die Schlösser sind unbeschädigt! Und wer stielt schon 3 Tonnen Hundekauartikel???

Wer kam da ran? Die Mitarbeiter von Dog-Shop? Könnten wenig damit anfangen... keine Abnehmer, keine Beziehungen...

Zöller! ZÖLLER??? Für den war die ganze Geschichte eh nur ein Nebenerwerb, hauptberuflich baut er ja Häuser... aber auch im Nebenerwerb nimmt man gerne ordentliche Summen ein... also warum sollte der...?

Ein Anruf brachte es an den Tag: Zöller brauchte dringend Bargeld für sein Hauptgewerbe, und hat tatsächlich unsere Vorräte weit unter Wert verhökert!

Dog-Shop war ihm nie wirklich wichtig.

Aus mit dem Millionengeschäft!

Und katzbuckeln und entschuldigen beim Einkäufer der Haustierfirma! Die dann ihrerseits ihre Kunden nicht beliefern konnte und so in die Bredouille kam und sich auf dem Markt blamierte.
Der Leser möge sich gefühlsmäßig in meine Lage hineinversetzen.

Wir sollen nie wieder bei ihnen anfragen, meinten die Handelspartner.

Der Deal ließ eine Summe von 30.000 DM an Vorfinanzierung offen und natürlich das Zerwürfnis mit Zöller.
Dog-Shop war tot.

Obwohl das Grundprinzip ja nach wie vor eine gute und gewinnbringende Idee war.

Wir saßen im China-Restaurant.
Chong, Freund König und ich. Chong gehörte zum Restaurant, König hatte mit Zöller zu tun und baute mit diesem eine Ferienanlage auf Ibiza.
Schon öfter erzählte ich im Restaurant meine Schweineohren-Geschichte, und Chong meinte, so etwas müsste man in China aufziehen. Wie man

beim Essen halt so redet, „man könnte, man müsste eigentlich, man sollte mal…"
Aber ich bin niemand, der es dabei belässt. Ich TUE!
„Meinst Du das ernst, Chong?"
„Ja, mein Bruder ist im Stadtrat einer kleinen Industrie-Urbanisation in der Nähe von Hong-Kong. Investments suchen die immer! Und speziell an Deutschen sind sie interessiert! Wenn wir Zahlen hätten…"
„Ich rechne mal etwas durch, dann sehen wir uns nochmal!" war meine Antwort.

Und ich rechnete… von Deutschland aus wäre das Geschäft unsinnig wegen den Transportkosten. In Deutschland kosteten mich Schlachtabfälle 2,44 DM das Kilo.
Aber wenn ich diese bedeutend billiger bekäme? Von unzähligen Baustellen habe ich einige Bekannte in Polen, die schnell von einem großen Schlachthof einen Preis von 78 Pfennigen ermittelten – allerdings bei einer garantierten Mindestabnahme von einer Million Ohren im Monat!
Mit ein paar Anrufen war auch der Transportpreis nach China zu berechnen: 4.000 DM. Mit vier Autolackier-Anlagen kämen wir in den profitablen Bereich.

Damit hatten wir Zahlen... die Cheng nach China übermittelte - was eine Einladung vor Ort nach sich zog!

Wieder einmal landete ich in einer völlig anderen Welt: Hongkong! Menschenmassen, Gebäude, wie ich sie noch nie im Leben gesehen habe!
Arbeitskräfte, Manpower, von dem wir im Westen nur träumen können!
Wieder war ich wie in Kasachstan in einem 5-Sterne-Hotel, in welchem man uns alle Wünsche von den Augen ablas.
Vom Buffet probierte ich hier nicht alles... auch nicht draußen bei den Garküchen... die Chinesen sagen „man kann alles essen!" Entsprechend groß ist das Angebot, und einiges ist für unsere Augen sehr befremdlich...
Grundsätzlich scheint Essen in China einen sehr großen Stellenwert einzunehmen.

Aber auch hier sind wir nicht zum Besichtigen da, sondern haben einen Auftrag. Ich bezweifle allerdings, dass es irgendwo in Hong-Kong einen Platz gibt für 4 Lackierhallen, Aufenthaltsräume, Büro, Toiletten und Vorratsräume?

Doch es täuscht der erste Großstadt-Eindruck. Mit dem Auto fahren wir über Brücken 120 Kilometer außerhalb Hongkongs auf das Festland in ein sehr überschaubares Industriegebiet.

Man zeigt uns ein Areal, welches für das Geschäft in Frage käme. Chongs Bruder vom Stadtrat redet und gestikuliert wie ein Wasserfall, Chong übersetzt auf Deutsch. Ein, zwei Chinesen unklarer Herkunft begleiten uns bei Tag und Nacht...

Überraschend unkompliziert klingt alles... für uns Deutsche sehr ungewohnt, in Deutschland gibt´s nur ´wenn´ und ´abers´ und ´vielleicht´ und ´muss erst geprüft werden´ und ein Telefonbuch an Auflagen wird bei der Planung eines Unternehmens von den Staatsdienern gereicht.

Hier bietet man uns folgendes:
Einen fußballfeldgroßen Platz, vier neue Trockenkammern, 20 chinesische Mitarbeiterinnen. Nach 10 Jahren ist die Fabrik unser Eigentum. Firmensitz ist Hongkong, Rechnungen werden aus Hongkong fakturiert, hergestellt wird hier. An direkten Steuern zahlen wir nur die Einfuhrsteuer des fertigen Produkts in Deutschland. Firmengründung kann jetzt in Hongkong stattfinden.

Das erschlägt uns nahezu… wir müssen ja erst berechnen, was uns der Bau der Fabrik und die Trockenhallen kosten und die Arbeiterinnen aussuchen, wenden wir ein.

Der Stadtabgeordnete grinst nur… „Machen alles wir, zahlen alles wir!"

„Aha. Die wollen uns *tatsächlich*!" denke ich. In Deutschland ist das nicht unbedingt festzustellen oder scheint eher umgekehrt zu sein…

Ein Drittel aller Ohren aus Polen kaufen uns die Chinesen als Rohmasse unbearbeitet zum selben Preis wie die Getrockneten ab – zum Eigenverzehr!

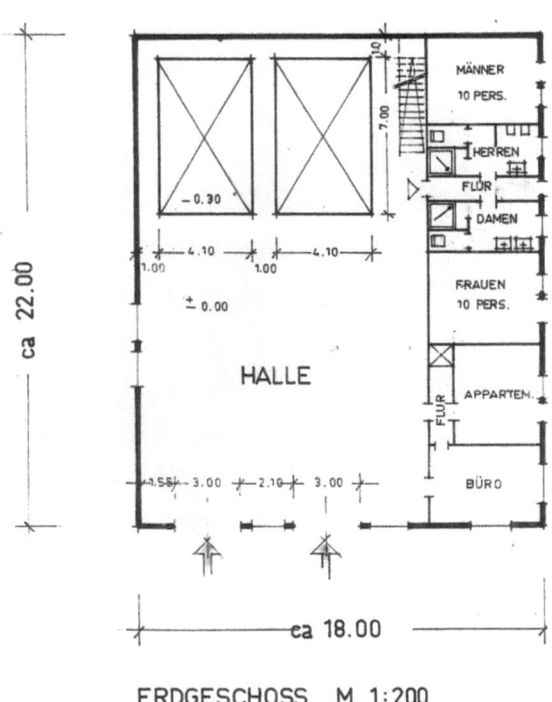

ERDGESCHOSS M. 1:200

Plan unseres Architekten

Wir sind nicht lange eingeladen, ein paar Tage nur. Wir gehen alles nochmal durch, finden keinen Fehler.

Nehmen nochmal Kontakt auf zur polnischen Großschlachterei. Eine der größten im ganzen Osten, sie stellt eine Art Zentrale dar zu anderen, kleineren Schlachthöfen, sie ist Umschlageplatz.
„Alles klar und bereit!" wird dort signalisiert.
Der Transportplan steht: Schiffstransport der Ohren von Polen nach China. Zahlung: Vorabkasse, Vorfinanzierung – steht auch.
Wir gründen die Firma in Hongkong!

Visitenkarte

Wir verlängern die Reise etwas, feiern noch und sehen uns das Land an. Werden bestaunt, dass wir etwas für das Hundewohl herstellen und damit in Deutschland tatsächlich Geld verdienen können...

Wir flogen zurück und kamen genau richtig zu einem schweren BSE-Ausbruch in Polen! Rinderwahn! Oder doch Maul- und Klauenseuche? Man wusste es nicht so genau...

BSE-Schnelltests sind 1999 gerade in der Entwicklung.

Allen Grund jedenfalls für die Politik, völlig panisch zu reagieren und massenhaft Tiere zu keulen und Schlachthöfe zu schließen!
Unserer war auch dabei! Obwohl wir es hauptsächlich auf Schweine abgesehen haben!
Aber in Polen war kein Fleisch mehr mit einwandfreien Papieren auszuführen, welches man später in Deutschland verkaufen konnte.

Es kam noch zu einer Rettungsaktion meinerseits mit der Nachfrage, ob die Schweineohren nicht aus China kommen könnten?
Dies wurde verneint – die Chinesen essen die Ohren wie wir schon wissen selbst! Schweineohren gelten als Delikatesse, sind entsprechend teuer und würden niemals dem Hund gegeben...

Das Geschäft war gestorben.
Wir hätten an einem Ohr 0,48 DM verdient...
Also im Monat bei einer Million Ohren 480.000 DM.
Im Jahr 5.760.000 DM.
Aus!
Ich hatte wieder die goldene Arschkarte!

DTM

Wir schreiben das Jahr 2000. Der große black-out beim Übergang von 1999 auf 2000 war ausgeblieben. Viele Menschen haben ein paar Kerzen und ein paar Dosen Notration mehr eingekauft, weil Computer- „Experten" Alarm geschlagen haben, dass möglicherweise alle Computer ausfallen könnten, weil man in den Kinderjahren der Programmierung das Jahr nur zweistellig eingegeben hat.

Von selbständigen Geschäften hatte ich die Nase gestrichen voll.
Für mein täglich Brot arbeitete ich für eine Firma im alten Beruf. Legte Fliesen, gestaltete Bäder im Saarland.
Doch das Schicksal hat so ein unauffälliges Leben für mich nicht vorgesehen. Irgendwann kam ich an einen örtlichen Autohändler, dem ich exklusive Bäder machte, und dessen Bekannter diese so schön fand, dass er mich auch engagieren wollte für die Seinen, die zur Renovierung anstanden. Allerdings wohnte dieser Bekannte in Mannheim, aber ich war einverstanden zu pendeln. Dieser Mann hatte sehr viel Arbeit für mich, neben seinen privaten Bädern hatte

er noch andere Aufgaben, und als Bauhandwerker kann man meistens fast alles...

Sein Business waren Kart-Bahnen. Im Jahr 2000 gewann Michael Schumacher seine dritte Weltmeisterschaft in der Formel 1, und da bekannt war, dass Michael seine Karriere im Kart begann, war diese Sportart sehr beliebt. Der Geschäftsmann hatte schon drei Bahnen, und kaufte oder mietete weitere Hallen, die er zu Kart-Bahnen ausbaute.

Ich arbeitete in dem Bereich rund eineinhalb Jahre, an den Bädern, an anderen gefliesten Räumen und auch an den Kart-Bahnen.

Während dieser Arbeiten und in diesem Milieu wurde ich angesprochen für die DTM – den Traum eines jeden Mannes!

Die Deutsche Tourenmeisterschaft ist eine Rennserie für Fahrzeuge, die aus Serienwagen abgeleitet sind. Wie in der Formel 1 gibt es jedes Jahr eine Rennsaison.

Man stand gerade vor der neuen Saison – und war verzweifelt!

Einer der größten deutschen Autohersteller[6] hatte die Bereitstellung des Equipments outgesourcst, also an eine externe Firma gegeben. Und für diese Firma sollte ich tätig werden.

---

[6] Der Autohersteller wird zur Vereinfachung fortan als *„die Firma"* bezeichnet

„Wir brauchen einen guten Allround-Handwerker, der sowohl selbst anpacken als auch einen kleinen Trupp leiten kann! Und zwar sofort!!! Wir brauchen keine Leute mit Zeugnissen und Papierkram, von denen haben wir genug!" hieß es.

Da man mich persönlich kannte, meine Arbeitsweise sah und aufgrund meiner Geschichte fragte man mich, ob ich mir vorstellen könnte, für sie zu arbeiten.

Ich brauchte da nicht lang zu überlegen…
Dennoch wollte man mir zeigen, worum es ginge…
Und so fuhren wir zur Equipment-Halle. Die wir auch nach zweistündigem Verfahren als umfunktionierte Reithalle bei Bad Nauheim fanden: das Öffnen der Portale ließ mich aber fast rückwärts umfallen: eine riesige Rumpelkammer mit Durcheinander von Wand zu Wand offenbarte sich!

„Wissen Sie jetzt, wo das Problem liegt?" fragte man mich.

„Ja, ich fürchte schon!" erwiderte ich tonlos…

Es ging darum, Ordnung in das Chaos zu bringen. Regale zu bauen, einen Plan zu machen für ein first-in/last-out, so dass alles in einer sinnvollen Art und Weise aufgeladen werden konnte und am Zielort so ausgeladen werden konnte, dass sich das Fahrer-Lager aufbauen ließ. Sprich zuerst die Böden, dann die Wände, dann das Dach, dann die Inneneinrichtung. Entsprechend umgekehrt muss es in die LKWs, und entsprechend muss es nach logischem Ablauf in der Halle gelagert sein. Ohne, dass sich Gegenstände gegenseitig den Weg versperren.

Insgesamt waren es drei Sattelzüge voll Material.

Von dieser Basis in Bad Nauheim aus rollen also diese Sattelzüge jeweils zu den Rennstrecken, auf welchen die Meisterschaft gefahren wurden.

Die Logistik ist für alle Beteiligten einer der größten Kostenfaktoren und ist zeitkritisch zu organisieren. LKW kosten beim Stehen und Warten Geld, und auch sind die verschiedenen Rennstrecken nur wenige Tage vor- und nach dem Rennen gemietet, bevor wieder andere Rennen darauf stattfinden.

Jede beteiligte Automarke hat ihr Fahrerlager mit VIP-Zelt und Presse-Kabinen und Empfangszelt nebst Sterneküche. Jeder kennt es aus dem Fernsehen, alles ist in den Kennfarben der Automarke geschmückt und mit deren Emblemen übersäht.

Und dieses Fahrerlager lag nun vor mir in der Reithalle – kreuz und quer! Vieles kaputt von der Lagerung oder von der Witterung...

Ich ersparte mir die Frage, wer das verbrochen hat...

Trotz der Chaos-Beseitigung habe ich nur gute Erinnerungen an meine DTM-Zeit.

Besonders aufregend das erste Rennen, ich lernte die Fahrer nebst Rennleiter kennen; nicht nur unsere Fahrer, sondern alle, die Areale der verschiedenen Marken liegen ja direkt nebeneinander. Ich konnte mir die Autos genau betrachten, bekam selbstverständlich einen VIP-Ausweis und wurde bestens verköstigt.

Als Allererstes musste ich aber arbeiten. Ich hatte dazu 20 Mitarbeiter. Unser Zelt hatte einen Schwerlastboden, musste er doch zur Abschlussfeier rund 500 Besucher tragen und die Küche des Sternekochs. Und gegebenenfalls eines der Autos, das stolz präsentiert wurde.

Die Zeit war knapp bemessen, wir arbeiteten rund um die Uhr bei einer Rennveranstaltung. Die Anreise erfolgte Sonntags, bis Donnerstag musste alles fertig sein, wie eine kleine Stadt, die aus Automarken besteht, und der man ihren provisorischen Charakter nicht anmerken durfte. Prominente sind bekanntlich verwöhnt!

Unter anderem wurden Teppiche verlegt, die nach jedem Rennen rausgerissen und entsorgt wurden.

Freitags begannen die Qualifyings, Sonntag war das Rennen, später die große Aftershow-Party bis in den Montagmorgen. Dann wurde alles abgebaut, manches abgerissen, in die LKW verstaut und wir fuhren Dienstags nachmittags ab zum Stützpunkt Bad Nauheim und hinterließen eine Rennstrecke, als wäre dort nie etwas gewesen...

2002 und 2003 gab es pro Saison 10 Rennen, also musste die Prozedur 10 mal ausgeführt werden, ungefähr zwischen April und Oktober. Am Beispiel der Saison 2003 seien die Rennstrecken aufgezählt, die wir anfuhren:

- o Hockenheimring, bei Mannheim.
- o Adria International Raceway, bei Venedig, Italien.
- o Nürburgring, Eifel.
- o Lausitzring, bei Cottbus.
- o Norisring in Nürnberg.
- o Donington Park bei Birmingham, England.
- o Nochmal Nürburgring.
- o A1 Ring (heute Red Bull Ring), Steiermark, Österreich.
- o Circuit Park Zandvoort, Nordsee, Niederlande.
- o Und nochmal Hockenheimring.

Vor Ort waren wir in besten Hotels untergebracht. *Die Firma* hat einfach Geld in die DTM gesteckt. Und natürlich die anderen Sponsoren auch. Allen Mitwirkenden und nicht nur den Star-Fahrern sollte es an nichts fehlen. Schlechte Stimmung im Rennstall wirkt sich auch auf die Piste aus...

Es war für mich der beste Job, den ich je hatte und gerne bis zum Ruhestand behalten hätte, wenn nicht...

Ich erinnere mich noch an mein erstes Rennen. Als wir an der Rennstrecke ankamen und begannen, unser Equipment aufzubauen, sammelten sich zu einem bestimmten Zeitpunkt die Kollegen aus Bayern und Schwaben an unserer Grundstücksgrenze mit hämischem Grinsen.

Es war genau der Zeitpunkt, als wir unser Haupt-Logo über den Zelteingang hievten und befestigen wollten. Das Logo maß neun Meter, war das größte am Platz, und wog entsprechend... es konnte nur mit einem Gabelstapler bewegt werden. Und es war an drei normalen Schrauben befestigt.

„Sind wir mal gespannt, wie lange sie diesmal brauchen!"

„Ja, wetten wir!" kamen die Kommentare vom Nachbargrundstück.

Ich sah das Desaster schon kommen... wie soll man mit einem groben Gabelstapler drei kleine Schrauben gleichzeitig genau treffen?

Es kam, wie es kommen musste: es ähnelte einer Szene mit Laurel und Hardy: „Fahr zurück! Zurück!

Nicht so weit! Jetzt nochmal vor! Nein, mehr links! Liiiiinks! Jetzt mehr rechts! Nein, nochmal zurück!" Links und rechts standen zwei Leute auf der Leiter, konnten das schwere Logo aber nicht wirklich in die Schrauben dirigieren – schon gar nicht in alle drei gleichzeitig passgenau! Jeder Leser, der schon einmal etwas Schweres aufhängen und genau mehrere Schrauben treffen musste, die er gar nicht sieht, wird das nachvollziehen können.

„Alles runter! Wir müssen erst mal verschnaufen!" Und wieder: „Nein, Du musst mehr links! JETZT! Jetzt haben wir´s! Ahh, doch nicht! Schieb! Drück!"

Nach vier Stunden war es dann geschafft – zum großen Spaß der anderen Marken.

Natürlich konnte ich dies nicht auf mir sitzen lassen als Chef der Truppe.

Vor dem nächsten Rennen änderte ich die gesamte Aufhängung des Logos: am Logo schweißte ich drei Metallschienen an, am Zeltdach drei Gegenstücke, die die Schienen aufnahmen wie ein flacher Metallriegel, mit dem man Türen oder Fenster zuschieben kann.

Nächstes Rennen: unser Logo wird vom Gabelstapler hochgehoben, die Zaungäste werden mehr, sie tauschen ihre Wett-Geldscheine... Die Metallschienen am Logo habe ich in verschiedenen Längen angebracht, also gilt es jetzt nur einen einzigen statt vorher drei gleichzeitig an seinen Ort zu bringen – was auch sofort gelingt. Somit ist das Logo erst einmal vorfixiert, die zweite Schiene rutscht in ihre Halterung und damit das auch mit der dritten Schiene passiert, muss man das Logo nur noch absenken! Innerhalb fünf Minuten hängt das Ding – und die DTM hat eine interne Attraktion weniger – zur großen Enttäuschung der Jungs aus Schwaben und Bayern!

Irgendwann nahm mein Chef mich auf die Seite und meinte, nach nunmehr drei Rennen mache er Miese. Ob ich mir das erklären könnte?
„Ich meine schon…" sagte ich. Und erläuterte ihm, dass zu viele Mitarbeiter zu unkoordiniert arbeiten würden, beziehungsweise sich gegenseitig behindern. Die Equipment-Leute stehen stundenlang still, während die Zeltbauer das Zelt aufstellen. Ab dann sind die Zeltbauer arbeitslos und stören die Teppichleger… Wir organisierten und reduzierten die zwanzig Mitarbeiter auf acht, und zwar acht Allrounder, Spezialisierungen wie Zeltbauer und Teppichleger fielen weg, statt dessen half jeder jedem – wodurch wir auch schneller wurden. Gute Leute zu finden war ohnehin außerordentlich schwierig für uns, da es sich ja um Kurzzeit-Jobs handelte und auch noch eine komplette Winterpause gegeben war. Für mich gab

es zwischen den Rennen genug zu tun, und auch im Winter kümmerte ich mich um das Material, erstellte Inventarlisten, besserte auf, bestellte neues Material, ersetzte Altes...

Zum anderen fiel mir beim Essen auf, dass viele ihre VIP-Karten nach dem Essen munter weitergaben an Bekannte und Verwandte. Für Essen wurde rund um die Uhr gesorgt, die Spitzenköche kauften dauernd nach, um immer volle Pfannen zu haben... aber ob man 500 VIPS bekocht oder 1.000 ist natürlich schon ein Unterschied...

Diesem Umstand wurde Abhilfe geschaffen, indem man die VIP-Karten mit Passbild ausstattete und so ein Familientausch nicht mehr möglich war.

Tja, wenn es etwas umsonst gibt...

Mein Chef zeigt mir „Daumen hoch!", DTM-Betrieb wieder in der Gewinn-Zone!

Legendär waren die Feste abends – speziell dann, wenn *die Firma* einen Platz auf dem Siegertreppchen gewonnen hat! Alkohol floss in Strömen, man sollte nicht glauben, bei einer Sportveranstaltung zu sein.

Mancher Fahrer verzichtete auch während der Arbeit nicht auf einen Spritzer Whisky im Cola... des Geschmackes wegen!

Da ich wenig trinke, waren diese Abende für mich Rückzugszeit in mein ruhiges Hotelzimmer um auszuspannen von dem teilweise 24stündigen Einsatz im Rennstall.

Wie erwähnt, wäre ich gerne bei der DTM geblieben... doch das Schicksal mischte die Karten anders...

2005 gab *die Firma* den Ausstieg der Marke bei der DTM bekannt. So war 2005 meine letzte Saison. Ich war jetzt 63 und hatte aufgrund meiner Abenteuer wenig bis gar nichts als Alterspolster...

2005 starb Papst Johannes Paul II, acht Millionen Deutsche gehen ins Kino zu „Harry Potter und der Feuerkelch", und wir ärgerten uns über den Ohrwurm „Schnappi, das kleine Krokodil". – Ich entschuldige mich beim Leser, weil er ihn nun nach 10 Jahren Genesung wieder im Ohr hat!

Ich arbeitete weiterhin für den Kart-Bahn-Geschäftsmann als „Mädchen für alles", an seinen Immobilien, Kartbahnen und Hotels gab es immer etwas zu tun.

Einmal Glück – an entscheidender Stelle

2012 – Schicksalsjahr. Mit 70.

Gegen Frühjahr 2012 gab es rote Bete. Ich bin großer Gemüsefan, und aß fast eine ganze Schüssel davon. Daher dachte ich mir nichts dabei, als ich am Morgen danach rot urinierte. Dieser Umstand ist mehr oder weniger bekannt.
Als dies aber ein paar Tage lang anhielt, geriet ich innerlich in Panik – ging aber nicht zum Arzt, weil ich keine schlimmen Nachrichten hören wollte. Ich verdrängte es, erzählte es niemandem, und lenkte mich mit Arbeit ab, beruhigte mich damit, dass ich ja keinerlei Schmerzen im Unterleib habe und lebte mein Leben weiter.

Ungefähr im August 2012 musste ich nachts auf die Toilette, und brach dabei ohnmächtig zusammen. Natürlich fehlt mir hierzu die Erinnerung.
Meine Frau fand mich auf dem Boden liegend, bekam mich zu Bewusstsein, und ich hatte starke Schmerzen – allerdings im Mund! Ich muss wohl auf das Waschbecken aufgeschlagen sein, hatte mir mehrere Schneidezähne ausgefallen und mich an der Lippe verletzt. Schlimmer aber war: der Toilettende-

ckel stand noch offen und die Toilette war voller Blut, das nicht von dem Sturz stammen konnte!

Selbstverständlich war es Wochenende, die Nacht von Freitag auf Samstag, so dass erst am Montag ein Notfall-Termin bei einem Urologen zu organisieren war.

Das Wochenende verbrachte ich in Angst vor dem Kommenden...

Am Montag wurde eine Blasenspiegelung durchgeführt, mit dem Ergebnis, dass es 3 Polypen in der Blase gäbe, die sofort entfernt werden müssten. Polypen bedeuten in der Blase meistens Krebs!

Geschockt und von den Ereignissen überrannt ging es kurze Zeit später in eine saarbrücker Urologie-Klinik, und die Polypen wurden über die Harnröhre entfernt. Eine histologische Untersuchung bestätigte: bösartig!

Nun hieß es vier Wochen abwarten bis zur Nachuntersuchung, von denen ich eine im Krankenhaus nach dem Eingriff verbachte. Vier Wochen unendliche Anspannung. Gedankenkreisen nur um das eine, entscheidende Thema.

Der Nachsorge-Termin kam, die erneute Diagnose hätte schlimmer nicht sein können: bei der ersten OP wurde nicht alles erwischt, es sollte eine Zweite durchgeführt werden!

Die menschliche Blase besteht aus mehreren Häuten und es käme darauf an, wie weit die Polypen in die verschiedenen Häutchen eingewachsen waren. Danach könne erst beurteilt werden, ob die Blase entfernt werden müsse oder nicht.
Jede Information ein Schlag in den Solar Plexus...

    Ich fühlte mich nicht besonders gut aufgeklärt, oder wollte zumindest eine zweite Meinung.
Ich fragte einen Freund, der in einer Klinik in einer Stadt nahe Saarbrücken arbeitete. Dieser sagte mir sofort zu, der Chefarzt der dortigen Urologie seie ein Duzfreund von ihm, Kegelpartner.
So bekam ich zeitnah Termine in dieser Klinik.
Nach drei Wochen eingehender Untersuchung meinte das Team dort, es wäre ratsam, Blase und Prostata zu entfernen um sicherzugehen, dass der Krebs nicht streut.

    Nach dieser Nachricht wäre ich am liebsten aus dem Fenster gesprungen...
Man könne, so der Darm in Ordnung ist, eine sogenannte Neoblase, also eine künstliche Blase, bilden.
Ich willigte ein, wusste aber zu der Zeit noch nicht, wie groß der Eingriff tatsächlich werden sollte... und dies wurde mir auch so nicht mitgeteilt. Aus heutiger Sicht war der Entschluss auch richtig... aber so etwas weiß man ja vorher nie.

Im Oktober 2012 stand der Operationstermin an. Vorher gab es größere, allgemeine Untersuchungen, Kernspin vom ganzen Körper. Unter Röntgenkontrolle wurde für die OP eine Sonde am Schulterblatt vorbei ins Herz gelegt, damit etwaige Notfallmedikamente direkt ins Herz eingeführt werden können. Und ich musste vorher literweise Mittel trinken, welche den Darm komplett leer machten...

Die Operation dauerte 9 Stunden. Während ein Team Blase und Prostata entfernte, arbeitete ein anderes am Darm: zuerst wurde er auf Eignung untersucht, dazu wurden Gewebeproben zur schnell-Untersuchung an die Histologie geschickt. Die gab grünes Licht: so wurden ca. 70 cm Dünndarm herausgeschnitten, die losen Enden wieder verbunden; und aus dem Teilstück wurde ein blasenähnlicher Schlauch geformt, doppelt genäht und mit den Harnleitern sowie der Harnröhre verbunden – und das alles möglichst dicht... und übrigens wurde auch der Blinddarm prophylaktisch entfernt, wenn gerade schon alles offen war.
Das Erste, was mir nach dem Aufwachen auffiel – ich tastete mich ab, ob alles noch da war... der genaue Ausgang der OP war ja vorher offen: ich hatte einen Knopf am Bauch! Er sah aus wie ein ganz normaler

Hosenknopf! Ich dachte schon an einen lauen Scherz... auf Nachfrage, wie der Knopf da hinkommt wurde mir mitgeteilt, dass damit ein Katheder verbunden sei, der den Urin ausleitet, und der auf keinen Fall rausrutschen darf, weil dann alles wieder geöffnet werden müsse. Und mit so einem Knopf gehe man sicher, dass der Katheder an Ort und Stelle bleibt.

Nun begann eine schwere Zeit... von der OP bereits stark geschwächt, durfte ich längere Zeit weder Essen noch Trinken, da ja sowohl Darm als auch sämtliche Ausscheidungs-Systeme durchschnitten waren und erst wieder zusammenwachsen mussten.
Am schlimmsten ist das Durstgefühl, welches sich nach 3 Tagen einstellt. Bei jedem Einnicken träumt man von einer großen Flasche Wasser, ganz frisch und kühl, angelaufen und die Tropfen laufen am Glas herunter... es wird fast zur Halluzination... und dann kommt die Schwester mit in Minze getränkter Watte und befeuchtet einem lediglich die Lippen... naja, sie meint es ja auch nur gut.
Ich lag 10 Tage auf der Intensivstation, mit unzähligen Infusionen, Schläuchen und Kabel, Gepiepe aus allen Ecken.
Dann ging es auf die normale Station. Beim Umzug merkte ich, dass ich keinerlei Kraft mehr hatte. Nach

10 Tagen Rückenlage und allem, was war, konnte ich mich noch nicht mal mehr aufrichten.

Ich bekam Hilfe von einem Physio-Therapeuten, der jeden Tag mit mir übte, auch wegen der Gefahr einer Lungenentzündung. Aufsetzen übten wir als erstes. Dann vorsichtige Beingymnastik im Bett. Später erste kleine Schrittchen im Zimmer, ganz auf ihn gestützt.

Festes Essen war für mich tabu. Ich bekam Astronauten-Nahrung. Was ich davon runterwürgen konnte… ich war immer Fan von frischer Küche… da mir später auch gänzlich der Appetit auf das Krankenhaus-Essen fehlte, kochte mir meine Frau zuhause und brachte mir das Essen mit.

Damit ging es quälend langsam bergauf. Irgendwann schaffte ich es auf den Flur, dann in den Aufzug, und dann bis zum Café, wo ich mit meinem Physiotherapeuten mit großem Appetit eine Doppelportion Eis verspeiste.

6 Wochen war ich in dem Krankenhaus.

Irgendwann nahm ich mir meinen Bekannten zur Seite und sagte ihm, dass es mir immer noch nicht gut ginge und es nur so langsam aufwärts ginge… da sagte er mir hinter vorgehaltener Hand: „Wir hatten dieses Jahr zehn Operationen dieser Art – und nur zwei haben sie, beziehungsweise die Folgen, überlebt!"

Von *dem* Blickpunkt aus gesehen, sah das Ganze schon anders aus...

Wichtig sei hier das kämpfen, das nie aufgeben, immer ein Stückchen weiter, immer wieder neu anfangen... Viele Patienten lassen sich gehen, geben sich auf – und das kann in dieser Phase den Tod bedeuten.

Ich hatte hier viel Zeit zum Nachdenken, ließ vieles aus der Vergangenheit Revue passieren.
Wenn mir das Leben etwas beigebracht hat, dann genau das: nie aufgeben, immer weiter machen – und wenn es noch so schwer ist und noch so langsam vorangeht.

Eine letzte, schwelende Frage stellte ich meinem Arzt noch vor der Entlassung: wie es denn nun mit Sex aussähe. Er antwortete: „Also, Herr Grewenig, wenn man mit 70 nicht genug gevögelt hat, ist man selber schuld!"
Manchmal sind Ärzte so trocken...
Er sollte übrigens nicht recht behalten mit seiner Einschätzung.

Nach dem Krankenhaus ging es direkt zur Kur nach Nordhessen. Oder fast direkt... ich musste erst noch die beim Toiletten-Sturz ausgefallenen Zähne reparieren lassen. In der Kur ging es schließlich um Aufbau mit ordentlichem Essen, da ist ein komplettes Gebiss von starkem Vorteil.

Die Zahnbaustelle wurde von dem Wichtigeren überdeckt und konnte erst jetzt in Angriff genommen werden.

Wir lernten im Hessischen mit unserer Neoblase umzugehen. Einen normalen Harndrang hat man damit nicht mehr, aber man kann mit Training spüren, wann die Blase voll ist und man zur Toilette gehen sollte. Durch bestimmte, willkürliche Muskel-Bewegungen steuert man auch das Anhalten oder Öffnen des Flusses.

Das Training zur Sensibilisierung des Unterleibs heißt Beckenboden-Training. Dies übten wir täglich mehrmals, und ich mache es noch heute. Es werden Muskelgruppen angesprochen, die normalerweise in unserem Kulturkreis nicht gespürt werden. Beim Yoga ist es jedoch bekannt und Gegenstand vieler Übungen, die auch für „Gesunde" von Vorteil sind.

Zur Prüfung, ob denn generell alles im Bauch wieder so angewachsen ist, wie es soll, gab es in der Reha-Klinik eine Toilette, die den Harndruck gemessen hat. Gemäß den Parametern lag bei mir alles im grünen Bereich.

Heben durfte ich ein Jahr lang nicht, damit im Unterbauch keine Narben aufrissen.

Ich wollte meine drei Wochen Reha etwas verlängern und sprach dafür bei der Chef-Ärztin vor. Diese befahl mir sofort, die Hose fallen zu lassen – und begutachtete. Dann meinte sie: „So etwas habe ich ja schon lange nicht mehr gesehen! Sagen Sie Ihrem Chirurg schöne Grüße! Wenn die Nähte innen so sauber und gut zusammengewachsen sind wie außen, können Sie heimfahren und sich dort erholen!"

So ging es denn nach Hause, wo Kraft und Gesundheit zurückkehrten. Und ich wieder etwas zunahm... in der ganzen Zeit nahm ich ab wie ein Abreißkalender...

Mit das Schlimmste für mich war das dauernde Eingesperrtsein in Räume. Ich habe bis jetzt mein ganzes Leben draußen verbracht, ich berichtete schon am Anfang des Buches von meiner Liebe zur Natur.

Ein großes Glück ist für mich Angeln. Ich hatte zu der Zeit ein Wohnmobil und schöpfte viel Kraft aus meinen Touren. Ich musste weg von Kliniken und weg von Krankheit überall um mich herum. Beim Angeln kann ich vollkommen abschalten.

Wobei es nicht nur um das Fangen von Fischen geht, sondern um das Naturerlebnis an sich. Man sitzt ja an ruhigen Stellen, macht selbst keinen Lärm. In der Stille sieht man dann auch Wildtiere, Rehe, Wildschweine, die ans Gewässer kommen um zu trinken.

´Mein´ Fisch ist übrigens der Zander. Es ist der am schwierigsten zu angelnde Fisch. Das Gegenteil zur Forelle. Eine Forelle schnappt gierig nach Allem, wir haben Forellen schon mit Silberpapier aus der Zigarettenschachtel geangelt. Dies genügt nicht meinen Anforderungen…
Einen Zander lockt man mit einem Köderfisch. Findet der Zander den Köderfisch, umkreist er ihn mehrmals und beobachtet. Kommt ihm alles geheuer vor, nimmt er den Köderfisch zart in die Lippen und trägt ihn an eine ruhige Stelle und legt ihn dort ab und beobachtet wieder. Eventuell sieht der Angler diesen Vorgang, weil sich die Schnur bewegt – und dann darf er nicht anrucken, sonst gibt der Zander Fersengeld und merkt sich das… der Angler muss ruhig bleiben. Erscheint dem Zander alles in Ordnung, schnappt er den Köderfisch mit seinen Zähnen – die Angelschnur ruckelt – noch immer muss der Angler still halten, noch hat er ihn nicht verschluckt und würde die Beute loslassen, sobald man an der Angel zieht.

Wie oft hatte ich auf dem Köderfisch schon die charakteristischen Fangzahn-Abdrücke eines Zanders? Und er ist entkommen?
Je älter, desto vorsichtiger werden diese Fische.
Aber es kommt der Augenblick, an dem er den Köderfisch mit Kopf voraus verschluckt! Erst dann ist er fest an der Angel, fest am Haken!
Der Fisch erschrickt, flüchtet, die Angelschnur läuft weit aus – *jetzt* kann man die Angel hochreißen und den Zander langsam einziehen.

Zander! Petri heil!

Es fordert sehr viel Geduld, auf Zander zu gehen; und viele erfolglose Angeltage muss man einstecken... aber das Naturerlebnis bleibt.

Behalten darf man Zander übrigens erst ab einer Länge von 50 Zentimetern. Laut Fischereigesetz. Kleinere und Jüngere haben das Glück, wieder zurück ins Wasser zu dürfen, soweit sich der Angelhaken noch lösen lässt.

2015 gab es für mich eine große Nachuntersuchung. 3 Jahre nach einer Krebserkrankung hat diese eine große Aussagekraft. Wenn in dieser Zeit nichts nachgekommen ist, kommt auch nichts mehr, heißt es sinngemäß. Sehr nervös ging ich zu dieser Untersuchung...
Doch das Ergebnis war: ich bin zu 100 Prozent frei von Krebs!

Einmal Glück gehabt – und das an entscheidender Stelle!

Heute

Die Genesungszeit war langsam und gab mir viel Zeit mein Leben zu überdenken.
Der Abenteuer sind mir genug...

Heute beschäftige ich mich mit meinem großen Hobby, der Fischerei.
In der Abbildung ausnahmsweise ein Wels statt eines Zanders...

Handwerklich arbeite ich nur noch an meiner Räucherkammer für Petri´s Heil, damit ich meine Erfolge auch gleich selbst kulinarisch verarbeiten kann.

Angeln macht nur ohne Zeitdruck wirklich Spaß...

Ich erinnere mich noch an einen Wochenend-Ausflug im Allgäu... ich kam mit meinem Kollegen von einer Baustelle in den neuen Bundesländern. Wir hatten eine lange Anfahrt, aber er bestand darauf, dass wir Freitagsabends noch fischen sollten. Ich willigte ein, obwohl ich kaum die Augen offenhalten konnte. Mich fröstelte, obwohl ich angezogen war wie ein Michelin-Männchen mit Moon-Boots, wattiertem Overall, Schal und dicker Mütze. High-Tech-Material, speziell für Jäger auf Ansitz oder Angler, die am Freitagabend in der Dämmerung im tiefsten Herbst direkt am Wasser sitzen. Übermüdet... und immer wieder fiel der Kopf auf die Brust, die Augen fielen zu – bis es schwarz und eiskalt wurde und ich schlagartig wach war: ich war kopfüber mit Klappstuhl in den Fluss gestürzt!

Und anstatt mir zu helfen, krümmte sich mein Kollege vor Lachen und ich kraxelte mit dem vollgesogenen Zeugs die Böschung hoch, den Stuhl noch in der Hand.

Das Einzigste, was nicht nass war, war ein alter Parka in meinem Auto. Alle Koffer standen schon im Hotelzimmer... so musste ich nackt mit dem Parka zur Hotel-Rezeption und mir dort den Zimmerschlüssel holen, um nochmal etwas zum Anziehen zu haben... der Kollege wanderte als Sichtschutz wie ein Schatten dicht neben mir her, je nachdem, wo Leute standen. Aber es war wenig los, und der vor Lachen wiehernde Portier konnte sich schnell denken, was da passiert war, sah er uns doch vorher mit Angel-Ausrüstung das Hotel verlassen...

Solche stressigen Ausflüge mache ich heute nicht mehr... ich bin nicht mehr von Wochentagen abhängig.

Und wenn ich nicht fische, betätige ich mich als Hobby-Gärtner.
Meine spanischen Tomaten sind bei der ganzen Familie bekannt.

Mein Gewächshaus im Garten

Zurückblickend auf mein Leben kann ich sagen, dass ich gerne finanziell mehr zurückbehalten hätte... aber die Handlungen selbst würde ich immer wieder tun, in mir spüre ich, dass ich nie anders hätte handeln können, als ich es getan habe.

Irgendwie scheint es im Leben einen kosmischen Ausgleich zu geben... ich hatte viele goldene Arschkarten, aber auch den Ausgleich dazu, meine Familie und eine überstandene Krankheit.

Oder haben mir die Arschkarten, das immer wieder Aufstehen und Anpacken gar erst die Kraft gegeben, die Krankheit zu überstehen?

Wer vermag das zu sagen?

Jedenfalls:
Mein Leben war und ist nie langweilig.

Und ich werde später niemand sein, der sich im letzten Bett den Vorwurf machen muss: „Warum habe ich das damals nicht versucht?"

Einzelbild-Nachweis

Seite 26, 31 oben: Gemeinde Riegelsberg
Seite 33: Rita Klein, Riegelsberg
Seite 91: Fliesenmuseum, Fliesenhandel Schittek, Hamburg
Alle anderen die Autoren